¿QUÉ HAGO CON UN NIÑO CON DISCAPACIDAD?

Edúcalo

Qué necesita para su integración educativa

Cecilia Rosales Vega

PAX

EL LIBRO MUERE CUANDO LO FOTOCOPIAN

Amigo lector:

La obra que tiene en sus manos es muy valiosa. Su autor vertió en ella cono-cimientos, experiencia y años de trabajo. El editor ha procurado una presentación digna de su contenido y pone su empeño y recursos para difundirla ampliamente, por medio de su red de comercialización.

Cuando usted fotocopia este libro o adquiere una copia "pirata" o fotocopia ilegal del mismo, el autor y editor no perciben lo que les permite recuperar la inversión que han realizado.

La reproducción no autorizada de obras protegidas por el derecho de autor desalienta la creatividad y limita la difusión de la cultura, además de ser un delito.

Si usted necesita un ejemplar del libro y no le es posible conseguirlo, escríba-nos o llámenos. Lo atenderemos con gusto.

EDITORIAL PAX MÉXICO

Título de la obra: *¿Qué hago con un niño con discapacidad? Edúcalo. Qué necesita para su integración educativa*

COORDINACIÓN EDITORIAL: Gilda Moreno Manzur
DISEÑO EDITORIAL: Abigail Velasco
ILUSTRACIONES: Pilar Ramírez Ruíz
COLABORACIÓN: Marilú Cisneros Vargas
PORTADA: Víctor Gally

Si deseas encontrar el lugar adecuado para atender a un niño con discapacidad, puedes ponerte en contacto con: discapacitarte@prodigy.net.mx

© 2016 Editorial Pax México, Librería Carlos Cesarman, S.A.
     Av. Cuauhtémoc 1430
     Col. Santa Cruz Atoyac
     México DF 03310
     Tel. 5605 7677
     Fax 5605 7600
     www.editorialpax.com

Primera edición
ISBN 978-607-9346-87-4
Reservados todos los derechos
Impreso en México / *Printed in Mexico*

Índice

Dedicatoria

*Para **Emiliano**, que siempre pregunta*

*Para **Elisa**, un sueño que no había soñado...*

*Para **Héctor**,
mi esposo, compañero en la vida
y papá de Emiliano y Elisa,
por lo que hemos construido juntos
para nosotros y nuestros hijos*

Agradecimientos

Con agradecimiento a mis papás, los abuelos, los tíos, los primos y, de manera especial a Emiliano, hermano de Elisa, así como para sus maestros, compañeros, amigos, terapeutas y la comunidad escolar en la que ha crecido durante más de diez años en el colegio "The Churchill School".

Este libro no hubiera sido posible sin el interés y apoyo que nos han dado una serie de profesionistas y amigos en el campo de la educación, entre los que se encuentran Alicia De la Peña, Liliana Rivas y Ludiviana Palomino.

También quiero agradecer a las familias que facilitaron sus fotografías personales y sus anécdotas para realizar este libro, especialmente a Norma Acosta y su Fundación Amigos Caleidoscopio, A.C., que proporcionó su colección de fotografías para ilustrar los capítulos.

Con agradecimiento especial para mi amiga Ana Cecilia Terrazas, por haber tenido la idea de que se hicieran estos libros que han sido el inicio de una serie de trabajos relacionados con el tema de la discapacidad, así como a Gerardo Gally, quien se interesó en editar esta colección, por su confianza y paciencia durante todo el tiempo de elaboración de este trabajo.

A Tere Nava, mi amiga especial, que me abrió los ojos para poder mirar a la discapacidad desde otra perspectiva; a Pili Ramírez, quien me ha acompañado en la elaboración de las ilustraciones de este libro poniendo en imágenes lo que me imagino; a María Angélica Núñez, quien hace crecer mi trabajo en relación con la discapacidad; a Gilda Moreno y Abigail Velasco, por su cuidado y paciencia en su proceso de edición y diseño. Agradezco el tiempo, la amistad y el compromiso solidario de Marilú Cisneros para elaborar estos libros.

En memoria de Marcelo Pasternac y Alonso Lujambio, impulsores anónimos para tratar el tema de la discapacidad en las escuelas de México, quienes sostuvieron e impulsaron la elaboración de estos libros.

Por último, quiero mencionar afectuosamente los nombres de Ale, América, Daniel, Karen, Samuel, Tania y todos los amigos de Elisa, ya que cada uno de ellos me permite constatar a través de sus historias, que lo que se dice en este libro, es posible que ocurra en la realidad.

Para Elisa

¿Quién eres tú?,
tan diferente y tan igual,
me provoca temor tu pequeño cuerpo
lleno de fuerza y debilidad.

Permíteme abrazarte y a la vez soltarte,
te llevo tan dentro de mí
en un lugar desconocido,
en un espacio que no existía
lleno de ternura después del dolor.

Un sueño que no había soñado,
un sueño suave y tranquilo
en medio de la turbulencia.

Me quedo sin palabras,
te hablo poco,
prefiero que digas tú.

Te escucho, siempre te escucho
aun en el silencio.

*Mayo de 2002 (escrito unos días después
de que nació Elisa)*

A veces con los hijos, pasa como con el dibujo: no te salen como lo imaginabas...
Gusti

Cuando estaba esperando que naciera Elisa, por las mañanas llevaba a Emiliano a la escuela. Durante los meses de febrero y marzo de aquel año en que la niña nació, todos los días caminaba con mi hijo por una calle que salía directamente a la puerta de la escuela, después de encontrar un sitio donde estacionar el auto.

Casi siempre el niño se asomaba con curiosidad por las rejas de las casas para ver qué alcanzaba a mirar por dentro. En algunas casas se veía el jardín, en otras un perro, unos patos o los automóviles en el garaje. Platicábamos poco durante ese recorrido porque ya íbamos tarde, así que lo tomaba de la mano para caminar un poco más de prisa y llevarlo a su salón.

Recuerdo que en alguna de esas ocasiones, que se repetían cada día, llamaron mi atención unas pequeñas niñas que caminaban por la banqueta de enfrente rumbo a la puerta de la escuela. Me detuve en el uniforme. Un *jumper* rojo con el sweater gris, blusa blanca con dos pequeñas rayas en el cuello, una en color rojo y otra en gris, el escudo de la escuela en cada prenda, los zapatos negros con calcetas rojas o blancas... y pensé: "¡Así se va a ver mi hija! Elisa va a venir a la misma escuela que Emiliano. ¿Cómo será esta escuela para las niñas? Yo estudié en un colegio solo con mujeres. Elisa lo hará en una escuela con niños y niñas, recibirá la misma educación que su hermano para que pueda tener las mismas oportunidades. Aquí estudiarán sus amigos y quizá les darán clases a los dos algunos de los mismos maestros. Saldrán juntos y convivirán ese tiempo de regreso de la escuela a la casa jugando y a veces también peleando. Cuando sean grandes, podrán recordar haber compartido los mismos espacios en la escuela, los juegos, los columpios, los patios, los salones, los dulces de la tiendita, los libros, los cuadernos y todas esas cosas que solo pueden entender los niños que crecieron juntos. Probablemente tengan amigos comunes y llevarán el mismo método educativo para aprender. Por supuesto, usarán el mismo uniforme, tal vez se acuerden de las mismas canciones y entonces..."

Eso pensé varias veces mientras caminaba hacia la escuela por las mañanas.

Cuando nació Elisa y me dijeron que tenía síndrome de Down, estos pensamientos se vinieron abajo y las expectativas cambiaron en un instante. Primero había que esperar que la niña estuviera sana y después comenzarían las preguntas: "¿Elisa va a poder ir a la escuela?, ¿a dónde la voy a llevar?, ¿qué será capaz de aprender?, ¿con quién compartirá los espacios de su infancia?, ¿por qué tengo que buscar una escuela 'especial' para ella?, ¿por qué debo cambiar todas mis expectativas?, ¿por qué no iba a usar ese uniforme rojo con el que la había imaginado tantas veces?"...

Entonces comencé a escuchar: "No te preocupes, hay muchas escuelas especiales en donde van a cuidar a tu hija". "Convivirá con niños como ella." "No correrá riesgos." "Le enseñarán lo que pueda aprender y no le van a exigir demasiado." "Su hermano no se sentirá mal con sus compañeros si ella está aparte, porque los niños son muy crueles." "Ustedes conocerán familias que los comprenderán." "En una escuela especial podrán capacitar a tu niña para que aprenda algún oficio"...

Por supuesto que yo no esperaba vivir todo esto y no quería esa historia para mi hija. ¿Por qué tenía que cambiar todo lo que había imaginado para Elisa? Después de todo, ella era la misma niña que estaba esperando que naciera hasta hace poco tiempo, cuando caminaba por la calle rumbo a la escuela.

Pocos meses después de que Elisa nació, me enteré de que en algunas escuelas "normales" aceptaban a niños con discapacidad como alumnos, y me pregunté "¿por qué no hacer esto en nuestra escuela?"

Así comenzó una aventura con el fin de lograr abrir un espacio para Elisa en la escuela. Las primeras respuestas no fueron muy alentadoras. Sin embargo, poco después tuve la suerte de coincidir con una persona especial, que era la directora de preescolar en aquel tiempo, quien se interesó y se entusiasmó con la idea de que Elisa y quizás otros niños con situaciones parecidas pudieran estudiar en la escuela.

Agradezco a todas las personas que dedicaron horas de trabajo, las cuales fueron necesarias para lograr que la integración de la niña en la escuela se convirtiera en una realidad.

Una mañana me entregaron la inscripción de Elisa para ingresar a la escuela al primer grado de maternal. Una ficha de inscripción es uno de esos documentos que uno entrega en el área de admisiones y no vuelve a ver jamás. Yo le saqué una copia y la guardé en el cajón de los recuerdos.

Con la entrega de ese papel, se inició la posibilidad de que Elisa viviera una nueva historia con todo lo que eso significa. Todo esto puede parecer intrascendente, pero en ese momento poco a poco regresaron muchos de los pensamientos y expectativas que tenía para mi hija desde que yo era una niña y que durante un tiempo creí que había perdido para siempre. Sé que algo parecido le ocurrió a su papá, a su hermano y a otras personas cercanas a la niña, lo que nos permitió ver a Elisa de otra manera con todo lo que ello implica.

Pocos meses después, llegó el primer día de clases tan esperado. No sentí tristeza porque Elisa se iba a ir a la escuela; más bien, viví la situación muy emocionada, sorprendida y un poco asustada. Sobra decir que recuerdo claramente la ocasión en que le puse por primera vez su uniforme y ahí estaba ella, lista para ir a clases.

La experiencia de integrar a Elisa en su escuela ha sido muy intensa, tanto que no me he dado cuenta de a qué hora han pasado ya varios años desde que toda esta historia comenzó. Ahora está a punto de terminar la primaria y se ha adaptado mejor de lo que esperábamos.

Incluso se ha formado, dentro de la escuela, un área de inclusión educativa para atender a niños con discapacidad, en donde se trabaja para adaptar el sistema educativo y sensibilizar a la comunidad escolar acerca de este tema.

No podría terminar de mencionar todos los logros que Elisa ha alcanzado poco a poco en la escuela, pero puedo identificarlos cuando la veo llegar siempre contenta a su salón, cuando saluda a todo el que se cruza por su camino al entrar al colegio, cuando abraza a sus maestras, cuando la veo jugar con sus amigas, cuando sus compañeros se acercan afectuosamente para cuidarla, cuando pelea con quienes la molestan, cuando abre su mochila y come sola su lunch, cuando se sube al columpio y a la resbaladilla, cuando dibuja un muñeco y lo ilumina sin salirse de la raya, cuando escribe sus letritas en su cuaderno dentro de los cuadros, cuando lee en voz alta sus cuentos aunque no se entienda con claridad lo que habla, cuando me dice adiós por la ventana del autobús al ir de campamento, cuando disfruta jugar en las fiestas con sus compañeros, cuando la veo bailar con todo el grupo una canción de despedida, cuando habla por el micrófono disfrazada de pulpo y cuando se dirige a la maestra después de escuchar su nombre para recibir su primer diploma.

No sé con precisión qué sucederá en el futuro con los estudios de Elisa. Imagino muchas posibilidades para ella, y pienso largamente en eso. Cada día me doy cuenta de que hay diferentes actividades que le apasionan y creo que en la medida en que tenga la oportunidad de seguir aprendiendo, ella nos mostrará gradualmente lo que va a querer ser y hacer.

Cuando alguien me pregunta qué será de Elisa más adelante y hasta qué grado podrá estudiar, nunca tengo una respuesta. Solo sé que Elisa nos lleva a recorrer caminos inesperados, nos enseña sorpresas que rebasan lo que imaginamos para ella, nos permite descubrir siempre algo nuevo, nos enseña cada día lo que es vivir intensamente dentro de un sueño, dentro de un sueño que no habíamos soñado...

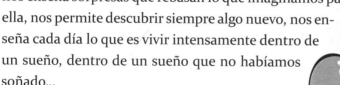

¿Qué hago con un niño con discapacidad en la escuela?

Un niño con discapacidad aprenderá con todos. Para los hijos y los padres es una oportunidad para relacionarse con una persona diferente, de igual a igual.
Gusti

Esta es la pregunta que los maestros se plantean cuando reciben como alumno en su escuela a un niño con algún con dificultades visuales, auditivas, motrices o intelectuales, con la intención de que curse sus estudios para aprender y participar en la vida cotidiana dentro de un grupo.

Es frecuente observar que debido a la falta de información o a la confusión y el miedo que ocasiona en algunas personas enfrentarse con la discapacidad, las escuelas regulares no abren los espacios que se requieren para integrar e incluir en la escuela a estos niños, e intentan ubicarlos en planteles de educación especial sin conocer las necesidades particulares de cada pequeño.

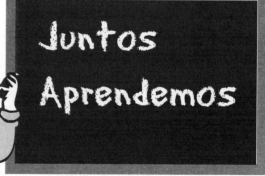

En otras ocasiones, por no saber cómo tratarlos y mucho menos cómo lograr enseñarles de manera adecuada, estos pequeños son aceptados en las escuelas sin el compromiso necesario con el fin de que reciban la atención que requieren para su desarrollo intelectual y social.

Por esto, en muchos casos los niños con discapacidad terminan siendo excluidos dentro de sus mismas escuelas y aulas, debido a los prejuicios y a la escasa información que

algunos docentes tienen en lo que respecta a la atención que deben recibir.

A primera vista, parece que la educación para estos niños es una tarea muy complicada y difícil de llevar a cabo. Sin embargo, en la actualidad, con la realización de adecuaciones sencillas en los programas de estudio y la disposición necesaria para conocer a sus alumnos, un número creciente de maestros han logrado con éxito la inclusión de niños con necesidades educativas especiales en sus escuelas y, además, han enriquecido y sensibilizado a la comunidad escolar.

Se conocen casos en los que escuelas que cuentan con muy pocos recursos económicos consiguen integrar a sus alumnos con discapacidad, en tanto que en otros centros escolares, aun contando con los recursos suficientes, resulta imposible atenderlos por la falta de disposición.

A partir de esta situación muchas personas cuestionan: ¿De qué depende que en algunas escuelas se pueda integrar a los niños con discapacidad y en otras no sea esto posible?

Una respuesta para esta pregunta es que la integración depende en gran medida del interés que muestran los maestros, los directivos, los compañeros y la comunidad escolar en general, para acoger al alumno con discapacidad en su escuela e incluirlo como un miembro activo de esa comunidad.

Si existe esta disposición, lo demás podrá resolverse en forma paulatina. Poco a poco cada docente descubrirá lo que va a hacer con su alumno y aportará sus propias ideas. Será importante encontrar un espacio en el cual compartir estas experiencias y temores con un grupo de compañeros, con quienes también se encontrarán las alternativas útiles y necesarias para aplicar a cada alumno con discapacidad en particular.

Una respuesta que permite abrir una nueva perspectiva a la pregunta: "¿Qué hago con un niño con discapacidad en mi escuela?", puede ser: "Lo mismo que harías para enseñarle si ese niño no tuviera una discapacidad".

Esta respuesta, convertida en frase o consigna, parece en un primer momento simple y quizás hasta absurda. Sin embargo, según la experiencia de algunas personas que tienen un niño con discapacidad, se ha observado que el desarrollo de este es más favorable cuando se le integra a su medio familiar, escolar y social, y se le trata dejando de lado, en la mayor medida posible, sus dificultades, tomando en cuenta sus capacidades.

Lo anterior no quiere decir que no se deban tomar ciertas medidas especiales en la escuela para apoyarlo, que no se sigan métodos educativos adecuados y se dedique tiempo adicional para la enseñanza. No obstante, es fundamental considerar a ese niño como el ser humano único e irrepetible que es, con sus características particulares y su personalidad; ofrecerle la oportunidad de que aprenda, muestre las capacidades que posee, a pesar de su condición, así como escucharlo y tomar en cuenta sus intereses, habilidades y decisiones.

Puede ser útil para los maestros conocer algunas de las imágenes que aparecían en la mente de los padres de ese niño como expectativas, antes de saber que tenía una discapacidad. La intención no es solo plantearse algunas preguntas como: ¿Qué podrá hacer este niño?, ¿será capaz de entenderme?, ¿de quién dependerá cuando crezca?, ¿quién lo

cuidará?, ¿cómo lo verán los demás?, ¿cómo lo tratarán sus compañeros?, sino también intentar responder los cuestionamientos que a veces parecen ya perdidos al enfrentarse con la discapacidad: ¿Qué va a ser de grande?, ¿a quién se parecerá?, ¿cómo será su personalidad?, ¿quiénes serán sus amigos?, ¿qué temas le interesarán?, ¿cuáles serán sus habilidades?, ¿a qué se dedicará en un futuro?, entre otros...

A la vez que se propone que un maestro considere todos los puntos anteriores, será necesario que conozca a su alumno con discapacidad en particular, que le dé tiempo para enseñar lo que es capaz de hacer, que no se anticipe a lo que otros dicen o a lo que se piensa que va a suceder con él. Quizá con el tiempo, los niños con discapacidad podrán mostrar que son capaces de realizar muchas más actividades y de aprender más de lo que en un principio se pensó y, de igual manera, tal vez necesitarán ayuda para realizar ciertas tareas o tendrán algunas limitaciones importantes y habrá que esperar para ver cómo las pueden resolver.

No debemos adelantarnos a lo que va a ocurrir, hay que esperar que cada pequeño con discapacidad demuestre lo que es capaz de hacer, exhortar su curiosidad e iniciativa. No limitemos su interés en el conocimiento, ni menospreciemos sus habilidades. Habrá que darle oportunidad de acercarse al mundo como lo haría si no tuviera una discapacidad; dejar que

conviva con sus compañeros, permitiendo que lo conozcan, lo quieran o incluso lo rechacen; dejar que intente resolver sus problemas por sí mismo; brindarle la oportunidad de que trate de expresarse, de aprender, de defenderse, de conocer nuevas experiencias. Quizás este será el mayor aprendizaje que se le podrá ofrecer.

Cada maestro tendrá que encontrar sus propias alternativas y posibilidades para trabajar con sus alumnos con discapacidad y con los niños de su grupo, a quienes deberá sensibilizar para que incluyan a sus compañeros, conozcan sus diferencias y similitudes, y de esta manera, aprendan a respetarlos.

Cuando este proceso se facilita, es sorprendente observar las reacciones genuinas de apertura, solidaridad y afecto que se presentan en los niños con sus compañeros con discapacidad, lo que favorece que en muchas ocasiones se establezcan relaciones de amistad especialmente significativas y enriquecedoras para todos.

Además, los grupos que incluyen a niños con discapacidad se benefician del trabajo especial que los maestros realizan para facilitar la comprensión y aprendizaje de sus alumnos al utilizar recursos didácticos especiales.

¿Qué tiene que hacer una escuela para integrar/incluir a los niños con discapacidad?

Capítulo 2

No es la discapacidad lo que hace difícil la vida, sino los pensamientos y acciones de los demás.
María del Carmen Azuara de Curi

Todos los centros escolares tienen la posibilidad de incluir a los niños con discapacidad en sus grupos, independientemente de que sean escuelas de educación especial, centros de atención múltiple o escuelas regulares con programas de integración educativa o educación inclusiva.

Los niños con discapacidad tienen derecho a recibir una educación que les permita aprender por medio de acciones y recursos específicos adecuados y que promueva su integración social en la práctica cotidiana.

En ciertos casos, si bien se acepta a los niños con discapacidad dentro de algunos planteles educativos, no se les ofrecen las mismas condiciones y oportunidades que al resto de sus compañeros. Por ejemplo, en algunas escuelas estos pequeños son ubicados en grupos separados o se encuentran dentro del salón pero excluidos del proceso del resto del grupo, esto es, sin prestar atención a su aprendizaje académico, personal y social.

Es de gran relevancia que los niños con discapacidad se ubiquen en una escuela que les permita crecer y tener nuevas experiencias. Como menciona el pedagogo ruso, Lev Semenovich Vigotsky, la escuela no solo tiene la función de enseñar conceptos a sus alumnos, sino que también cuenta con la posibilidad de proporcionar un aprendizaje social y el desarrollo de habilidades para la vida. En estos casos, la escuela promueve que los niños con discapacidad participen activamente en su entorno desde pequeños como alumnos. Ser alumno implica una función y un lugar en la sociedad.

Se ha observado que la clave para que el niño con discapacidad se adapte a su entorno escolar, se encuentra en la disposición que muestran los maestros, los directivos y la co-

munidad escolar en general para acogerlo en su institución e incluirlo como un miembro más de su comunidad escolar.

Aun cuando en un principio parece muy complicado tener a un niño con discapacidad en la escuela y encontrar la manera de que logre avances significativos en su aprendizaje, se ha observado que cuando existe la información y sobre todo, la disposición de los miembros del sector educativo para trabajar con estos alumnos, los niños con discapacidad se pueden integrar a diversos tipos de escuelas, alcanzando avances sorprendentes en su desarrollo y enriqueciendo a sus compañeros y a su comunidad escolar.

Para llevar a cabo esta acción, las escuelas deben seguir un plan de trabajo que incluya los siguientes aspectos.

Conocimiento del tema

Muchas escuelas aún no disponen de información suficiente referente a la atención educativa de los niños con discapacidad. Por ello, será fundamental que los maestros y directivos se acerquen a otras personas o escuelas que manejan estos temas, con la finalidad de conocer los programas que existen para trabajar en estos casos.

Puede ser muy útil para los niños con esta condición, sus compañeros de clase y para quienes trabajan con ellos, ponerse en contacto con textos y películas que abordan el tema de la discapacidad, para ver en las páginas de un libro o en una pantalla, las historias de otras personas que han atravesado por esa experiencia.

Entre algunos textos que se recomiendan con este fin se encuentran *La historia de Gaby Brimmer*[1] y *La historia de mi*

---

1 Brimmer, Gabriela y Elena Poniatowska, *Gaby Brimmer*, Barcelona, Grijalbo, 1988.

vida,[2] de Hellen Keller, entre otros, así como cuentos infan-
tiles que explican lo que es la discapacidad como *Inés crece
despacio,*[3] *Atados a una estrella,*[4] *Soy especial para mis
amigos",*[5] *¿Qué seré cuando sea mayor?,*[6] *Mallko y papá,*[7] *La
tortuga Marian,*[8] *Mi hermana es distinta. ¿Y qué?,*[9] *El soldadito de plomo,*[10] *El patito feo,*[11] el audiovisual *Cuerdas,*[12] el vi-
deocuento *Elmer, el elefante de colores*[13] y otras historias que
permiten a los niños conocer y reflexionar sobre estas situaciones, así como acercarse al tema de la discapacidad desde
pequeños.

2   Keller, Helen, *La historia de mi vida*, Barcelona, Renacimiento, 2012.
3   Helft, Claude, *Inés crece despacio: La historia de Inés, niña con síndrome de
    Down*, Barcelona, Ediciones Serres, 2003.
4   Celis Aguirre, Claudia, *Atados a una* estrella, México, SM de Ediciones, 2002.
5   Sierra I. Fabra, Jordi e Isabel Caruncho, *Soy especial para mis amigos*, España,
    Edebe, 2004.
6   Sierra I. Fabra, Jordi e Isabel Caruncho, *¿Qué seré cuando sea mayor?*, España, Edebe,
    2004.
7   Gusti, *Mallko y papá*, Barcelona, Océano Travesías, 2014.
8   Taboada, Almudena, *La tortuga* Marian, España, Ediciones SM, 2008
9   Sagarzazu, Pako y Miguel Valverde, *Mi hermana es distinta. ¿Y qué?*, España,
    Editorial la Galera, 2001.
10 Bornemann, Elsa, *El soldadito de plomo*, México, Longseller Infantil, 2000.
11 Andersen, Hans Christian, *El patito feo*, México, Océano Travesías, 2011.
12 Solís García, Pedro, *Cuerdas*, España, 2014.
13 Corchete, Teresa, *Elmer, el elefante de colores*, 2012.

El término de accesibilidad se refiere al derecho que tienen todas las personas para ingresar a cualquier lugar y para desplazarse con libertad e independencia en la vida cotidiana.

Es muy importante considerar que la accesibilidad es la puerta que permite la integración, la inclusión, la participación y la independencia de las personas que viven con diversos tipos de discapacidad.

Un espacio que no es accesible, esto es, que no cuenta con rampas, elevadores, sanitarios adaptados, señalizaciones adecuadas para personas ciegas, con discapacidad auditiva o con discapacidad intelectual, limita de manera radical las posibilidades de independencia, inclusión y seguridad para una persona con discapacidad, ya que si no puede acceder a un lugar o encuentra limitaciones para transportarse, será imposible que participe activamente en su sociedad.

Los niños con discapacidad requieren también que se adapte su entorno para crear espacios accesibles que les permitan desde pequeños integrarse y desarrollarse en la sociedad a la que pertenecen. En estos casos, serán sus padres y maestros los principales promotores para que esto sea una realidad.

Por lo anterior, debe considerarse realizar las adaptaciones en la escuela y en el hogar que requiere un niño con discapacidad para conocer su entorno y poder desplazarse.

En el primer caso, deberá llevarse a cabo una valoración de cada plantel, para colocar rampas, barandales y letreros en Braille, adaptar computadoras y asignar salones que puedan ser funcionales para los niños con discapacidad motriz. En la casa se deberán hacer las adaptaciones necesarias considerando el tipo de discapacidad que presenta el niño para que este pueda desplazarse con independencia y autonomía.

El término educación accesible, se refiere a la necesidad que tienen los niños con discapacidad de que su entorno social, constituido por sus maestros y compañeros, se adapte a su condición particular con el propósito de promover el aprendizaje y la socialización. Por ejemplo, en el caso de los niños con discapacidad auditiva se considera necesario que sus maestros y compañeros aprendan el lenguaje de señas para poder comunicarse; los pequeños con discapacidad visual requerirán primordialmente material escrito en Braille y maestros que

les enseñen este método para poder leer y escribir, y aquellos con discapacidad intelectual necesitarán la disposición y paciencia de la comunidad escolar para que puedan aprender, así como las adecuaciones curriculares y los materiales de estudio.

Cuando hablamos de adecuaciones curriculares, nos referimos a las modificaciones específicas que deben realizarse en los programas académicos de cada grado, con el fin de que cada niño con discapacidad pueda llegar a aprender tomando en cuenta su condición particular y sus necesidades especiales. Esto quiere decir que los niños pueden seguir los programas establecidos en sus escuelas de acuerdo con el año esco-

lar que cursen, siempre y cuando cada actividad se adapte a su ritmo de aprendizaje y a sus necesidades especiales para moverse, leer y comunicarse, entre otros.

En estos casos, será muy importante acudir con maestros que tengan experiencia para enseñar a niños con dificultades visuales, auditivas, motrices o intelectuales, así como con instituciones que se dedican a capacitar al personal educativo que se requiere para trabajar con los niños que presentan una discapacidad.

Existen también asociaciones como Libre Acceso, A. C., donde arquitectos y diseñadores ofrecen la asesoría necesaria a escuelas e instituciones de atención infantil, a fin de detectar con precisión las necesidades de las personas con discapacidad y adaptar los espacios para hacerlos accesibles a todos.

Los niños con discapacidad tienen las mismas posibilidades de aprender y lograr un desarrollo pleno en diversas áreas que los demás compañeros de su edad, por lo que será fundamental para su crecimiento que desde pequeños asistan a una escuela donde puedan adquirir las herramientas que les permitan aprender y socializar.

En la escuela, un niño con discapacidad requerirá más que nada del apoyo y la supervisión constantes por parte del personal docente para evitar riesgos y accidentes. De manera paulatina, en la medida en que el pequeño adquiera la madurez y las habilidades de autonomía necesarias, se le permitirá de envolverse cada vez con mayor independencia.

En la vida adulta, las personas con discapacidad pueden llegar a cursar estudios de educación superior, carreras profesionales y

desempeñar actividades laborales como lo hace cualquier persona, siempre y cuando cuenten con la preparación adecuada, con las herramientas necesarias y con el apoyo de la sociedad a la que pertenecen.

Como hemos mencionado, para que un niño con discapacidad adquiera el mayor desarrollo posible debe ser educado como si no tuviera una discapacidad y al mismo tiempo brindarle la atención especializada que requiera. Esto incluirá las terapias y tratamientos específicos que faciliten la integración en su escuela y le permitan adquirir un aprendizaje significativo.

CAPACITACIÓN Y SENSIBILIZACIÓN DEL PERSONAL EDUCATIVO Y LOS ALUMNOS

Para integrar a un niño con discapacidad, las escuelas deben ofrecer cursos de capacitación en temas de discapacidad y de atención educativa para los maestros y alumnos, contar con material didáctico para personas con dificultades visuales, auditivas, motrices e intelectuales, así como adaptar los programas de estudio que faciliten el aprendizaje, tomando en cuenta las estrategias y la información específica que se requiere para promover y mejorar el desarrollo cognitivo de todos los alumnos del grupo.

La capacitación debe complementarse con talleres de sensibilización que promuevan que los maestros y alumnos conozcan y sean empáticos con las necesidades especiales de los pequeños con discapacidad. De esta manera, podrán comprenderlos más a fondo, encontrarán alternativas adecuadas para enseñarles mejor, facilitarán la inclusión de alumnos con discapacidad en los grupos y contribuirán así a disminuir la discriminación.

Las siguientes son algunas recomendaciones que pueden servir para facilitar la integración de los niños con distintos tipos de discapacidad en un salón de clases.

Discapacidad auditiva

❊ Fomentar la integración y participación del niño con esta discapacidad en la escuela, por medio de las técnicas aquí presentadas.

❊ Lectura labiofacial que permite comprender el lenguaje a través de la observación de movimientos de los labios y la cara.

❊ Lenguaje oral que consiste en rescatar con un aparato auditivo algunos sonidos y palabras que el niño es capaz de escuchar.

❊ Dactilología que es una técnica de comunicación que consiste en deletrear las palabras con los dedos en un alfabeto.

❊ Escritura y tecnologías de la información que fomentan el aprendizaje y la comunicación con sus compañeros de clase y su comunidad.

❊ Lenguaje de señas es un método de comunicación que se basa en el movimiento de las manos y la cara para expresar una idea.

❊ Considerar que las personas que presentan discapacidad auditiva, también conocida como discapacidad invisible, podrían tener un desarrollo e integración social si la comunidad aprende la lengua de señas que en algunos lugares es considerada como un idioma.

❊ Plantear una propuesta que generaría grandes avances para quienes viven con esta condición: que las escuelas incluyeran como materia adicional el aprendizaje de la lengua de señas para todos sus alumnos durante la infancia.

Discapacidad intelectual

- ✾ Dar las mismas oportunidades de participación en las actividades escolares.
- ✾ Evitar que los profesores o los compañeros de clase sobreprotejan o limiten el desempeño del niño.
- ✾ Establecer contacto visual para asegurarse de que el niño está comprendiendo y prestando atención.
- ✾ Utilizar un lenguaje sencillo y claro para facilitar su comprensión.
- ✾ Realizar las adecuaciones curriculares correspondientes a las actividades del grupo con apoyo de imágenes y objetos reales para que el aprendizaje sea significativo y de acuerdo con su nivel de desarrollo intelectual.
- ✾ Supervisar su seguridad personal y no dejarlo solo para evitar riesgos y accidentes.

Discapacidad motriz

- ✾ Realizar las adaptaciones necesarias en la escuela para tener un diseño de fácil acceso en aulas, baños e instalaciones generales, al hacer espacios más amplios, eliminar barreras, colocar rampas o elevadores.
- ✾ Respetar el tiempo que requiere el niño para desplazarse y realizar diversas actividades.

❀ Contar con sillas adaptadas, plumas especiales, computadoras y otros materiales que faciliten el rendimiento escolar del niño.

❀ Pedirle que explique qué tipo de apoyo necesita y no imponer la ayuda.

❀ Encontrar alternativas para que el pequeño pueda participar en todas las actividades del grupo, incluyendo las deportivas.

❀ Supervisar que el niño se encuentre seguro y disponga de los aparatos que requiere para trasladarse (muletas, silla de ruedas, bastón, entre otros).

Discapacidad visual

❀ Hablarle directamente al niño con dificultades visuales, sin buscar intermediarios, y preguntarle si requiere de apoyos adicionales sin imponer la ayuda.

❀ Supervisar la seguridad del pequeño al evitar dejar objetos en el piso, indicar que se encuentra cerca de escaleras, barandales o cristales.

❀ Facilitar que utilice su bastón blanco y respetar el trabajo del perro guía cuando lo acompañe.

❀ Ordenar el material que el niño va a utilizar para que lo encuentre con facilidad.

Parálisis cerebral

❀ Considerar las necesidades particulares que tiene el niño, ya que en estos casos se presentan discapacidades múltiples.

✳ Tomar en cuenta que los pequeños con esta condición entienden lo que se les dice, sin embargo, tienen movimientos incontrolados y gestos que no deben de impresionar para acercarse.

✳ Favorecer la comunicación del niño a través de herramientas alternativas como tableros y aparatos tecnológicos que puedan utilizar.

✳ Supervisar su seguridad al desplazarse y brindarle el apoyo cuando lo solicite.

✳ Utilizar material didáctico adecuado para sus necesidades de movimiento.

Dificultades de comunicación

✳ Motivar al niño para que se exprese verbalmente y evitar las burlas de los compañeros.

✳ Corregir las palabras o frases que pronuncie de manera inadecuada o incompleta para que se le entienda mejor.

✳ Darle tiempo para que pueda decir lo que está pensando, apoyándolo con preguntas o imágenes.

✳ Incentivar el lenguaje del niño a través del canto, talleres de oratoria, uso de micrófono, teatro, entre otros.

Autismo:

✳ Propiciar la integración del niño a un grupo tomando en cuenta los cuidados y el acompañamiento que requiere para lograrlo sin alterar su conducta.

✳ Ubicarlo en aulas pequeñas y evitar sobreestímulos para facilitar su concentración.

❀ Hacer contacto visual con el niño antes de darle instrucciones, las cuales deben ser claras y precisas.

❀ Contener las conductas inadecuadas del pequeño a través del abrazo y estableciendo límites.

❀ Establecer rutinas que den seguridad al niño y ofrecerle dos opciones de trabajos a realizar.

Existen niños con otros tipos de discapacidad como los que presentan talla baja, huesos de cristal y diversos síndromes, que requieren de apoyo y adaptaciones especiales en la escuela. Estas alteraciones se pueden revisar con detalle en el libro *Atiéndelo* de esta misma colección.

¿Cómo pueden los padres y la comunidad escolar promover la integración e inclusión de los niños con discapacidad en las escuelas?

Capítulo 3

No hay educación si no hay verdad que transmitir.
Fernando Savater

La educación de los niños con discapacidad comienza en la casa. No obstante, se ha observado que los padres de estos niños enfrentan un reto importante al educar a sus hijos con y sin discapacidad, ya que se presentan situaciones que generan desequilibrios y dificultades en la dinámica familiar.

Es común que los padres de un niño con discapacidad tiendan a sobreprotegerlo y a la vez que traten de que sea independiente, intenten darle responsabilidades, pero, al mismo tiempo, quieran resolver sus problemas. En estos casos la educación se confunde y se generan situaciones que requieren de paciencia para resolverlas.

Para educar a un niño con discapacidad puede servir también responder a la pregunta "¿Qué hago con un niño con discapacidad?, ¿cómo puedo educarlo?..." con un: "Igual que si no tuviera una discapacidad".

Cuando hablamos de educación parece que todos sabemos a qué nos referimos con este término; sin embargo, esta es una compleja labor que más tiene que ver con la transmisión que pasamos espontáneamente los padres o educadores a los niños a través del ejemplo, convicciones y creencias, que por medio de la instrucción o las conductas impuestas; debemos tener presente que todo el tiempo estamos educando.

Al enfrentarnos con las situaciones de la vida cotidiana que requieren que enseñemos a nuestro hijo cómo comportarse, cómo resolver problemas, cómo relacionarse con los demás y cómo aprender, tendremos que tomar en cuenta el tipo de discapacidad que presenta para ayudarlo a desarrollarse y vincularse con los demás adecuadamente.

En el tomo de esta colección de libros "¿Qué hago con un niño con discapacidad? titulado *Atiéndelo* se habla con detalle de cómo acercarse y cómo tratar a los pequeños con discapacidad auditiva, visual, intelectual y

motriz, lo que nos puede sugerir alternativas para facilitar su educación.

A continuación mencionamos algunas recomendaciones que pueden servir a los padres para educar a los hijos que pertenecen a una familia con discapacidad:[14]

- ❀ No consientan a su hijo con discapacidad porque después será difícil para todos controlar su conducta.
- ❀ No asignen a sus hijos con y sin discapacidad responsabilidades que no les corresponden.
- ❀ Promuevan la convivencia de todos los niños, con y sin discapacidad, cercanos a la familia.
- ❀ Eduquen a su hijo con discapacidad para que sea independiente, tenga sus propias actividades y así en el futuro no represente una carga para sus hermanos.
- ❀ Eviten las comparaciones entre hermanos con y sin discapacidad.
- ❀ No concentren toda la vida familiar en torno a la discapacidad.
- ❀ Brinden a sus hijos las mismas oportunidades y no se olviden de jugar con ellos.
- ❀ Expresen sus emociones con todos sus hijos, favoreciendo que ellos también puedan compartir sus sentimientos.
- ❀ Respeten las relaciones que establecen sus hijos entre sí, promoviendo el apoyo entre todos.
- ❀ Planifiquen el futuro de la familia, tomando en cuenta las necesidades de todos.
- ❀ Construyan una vida propia; no se olviden de ellos, ni de ustedes.

---

14 Latorre Morado, Gonzalo, *SOS… Mi hermano es síndrome de Down. Un feliz paseo por la vida*, Madrid, Ediciones Pirámide, 2013.

En relación con la educación escolar para los niños con discapacidad, se ha observado que actualmente existen pocas instituciones en nuestro país que cuentan con programas y modelos educativos adecuados enfocados a la atención de los pequeños que viven con esta condición. Por ello es necesario que los padres y maestros interesados en que la educación inclusiva sea una realidad, presenten propuestas en sus centros escolares que permitan establecer un modelo de integración e inclusión educativa acorde con las condiciones y necesidades específicas de cada plantel.

Los siguientes puntos pueden considerarse como base para instaurar un programa de educación inclusiva en una escuela regular o en centros educativos que atiendan a niños con discapacidad a fin de realizar diversas actividades:

1. Elaborar un documento en el que se mencionen los objetivos generales y particulares del programa de educación inclusiva que se pretende instaurar en la escuela, así como sus posibles alcances.

2. Preparar un organigrama en la escuela en el que se incluya el personal que se requiere para trabajar con los niños que presentan discapacidad y describir las funciones que deberán desempeñarse en cada puesto.

3. Realizar las adecuaciones curriculares generales en los planes de estudio y en los programas académicos que correspondan a los diversos grados en los que se encuentren alumnos con alguna discapacidad.

4. Utilizar los recursos con los que cuentan las escuelas para integrar alumnos con discapacidad y evitar realizar una inversión económica significativa. Por ejemplo, en algunas escuelas hay maestros capacitados para trabajar con niños con necesidades especiales, una comunidad escolar solidaria y sensible, material didáctico para trabajar en estos casos y faci-

lidades para hacer accesibles las instalaciones, entre otros.

5. Incluir la atención que recibirán los niños con discapacidad dentro del perfil y la filosofía de la escuela a la que pertenecen.

En ocasiones, es posible que las escuelas lleven a cabo acciones encaminadas a la atención de niños con discapacidad y de otros grupos vulnerables sin darse cuenta de ello. De ahí la importancia de efectuar un análisis para detectar el trabajo que se realiza en cada caso y adicionar las medidas necesarias para poder establecer un programa permanente de inclusión educativa.

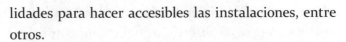

ACCIONES PARA PROMOVER LA ENSEÑANZA Y LA INTEGRACIÓN

Algunas acciones que se propone realizar en las escuelas para promover la enseñanza y la integración de los niños con discapacidad son:

❀ Considerar la intervención constante de una maestra o maestro de educación especial cuya función sea apoyar a profesores titulares, asistentes y alumnos.

❀ Desglosar los objetivos y metas en los programas semanales para poder hacer las adecuaciones curriculares y sugerencias didácticas particulares en periodos cortos.

- Realizar trabajo de aprendizaje individual en periodos establecidos con los niños que presenten necesidades especiales, para así explicarles a estos pequeños las actividades que deberán resolver con detenimiento y reforzar los conocimientos adquiridos.
- Adecuar los tiempos e instrucciones de los programas de estudio al ritmo de aprendizaje y comprensión de cada niño con el fin de lograr el mayor rendimiento posible.
- Representar por medio de señalizaciones elaboradas con imágenes y dibujos sencillos las instrucciones que faciliten la comprensión del niño con discapacidad.
- Elaborar material didáctico representativo y de uso manual que pueda ejemplificar lo que se quiere enseñar al niño.
- Promover la disposición del personal docente para crear alternativas nuevas que favorezcan la enseñanza en los niños con y sin discapacidad (modelar, actuar, repetir, entre otras).
- Considerar las posibilidades que tiene cada niño para aprender con el propósito de ser flexibles en los métodos de enseñanza.
- Favorecer la participación de los compañeros del grupo para promover la interacción social y facilitar la integración y el aprendizaje del niño con discapacidad.
- Organizar juntas de trabajo frecuentes de los maestros y los padres de familia del niño con discapacidad que permitan que se realice un trabajo en equipo.
- Fomentar la aceptación y la tolerancia de la diversidad en la comunidad escolar.
- Elaborar un plan individual que especifique los objetivos a lograr de cada alumno con discapacidad basado en el programa de estudios generales.

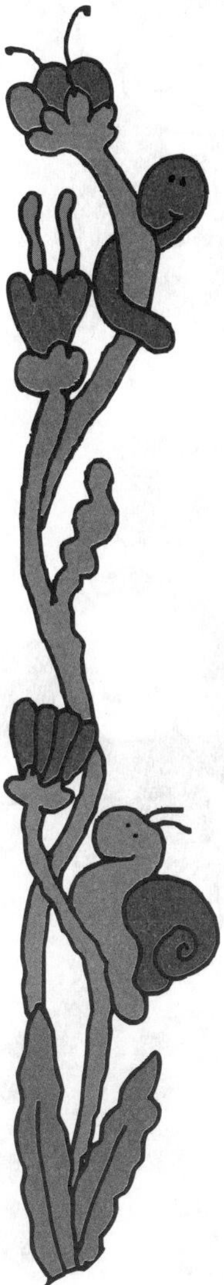

❀ Organizar un comité de atención para niños con disca-pacidad que tenga la función de intervenir en los casos que se requiera para lograr la integración del niño a la escuela. El comité estará formado por especialistas en educación especial, psicólogos, médicos y diversos terapeutas.

❀ Ofrecer oportunidades de capacitación con reconoci-miento para el personal docente, que permitan desa-rrollar las habilidades y aumentar los conocimientos en relación con el tema para atender con más eficien-cia a estos niños.

❀ Realizar las modificaciones necesarias en el plantel para permitir el libre acceso de los alumnos con disca-pacidad de acuerdo con sus necesidades específicas.

❀ Conseguir o adaptar el material didáctico con el objeto de hacerlo accesible para el niño considerando el tipo de discapacidad que se presente.

❀ Elaborar programas de sensibilización para alumnos y para la comunidad escolar en general, como confe-rencias, actividades escolares, visitas a centros de aten-ción para niños con discapacidad, etcétera, con el fin de generar una cultura relacionada con el tema de la discapacidad.

❀ Incluir un programa de atención psicológica para alumnos, maestros, compañeros y padres de familia a través de grupos terapéuticos y consulta individual para identificar los problemas emocionales, familia-res y sociales que genera la discapacidad e intervenir oportunamente para evitar conflictos y apoyar que los alumnos concluyan sus estudios.

❀ Difundir al público en general los programas de inte-gración educativa y educación inclusiva de acuerdo con los criterios establecidos por la escuela.

❧ Incorporar a los alumnos con discapacidad siguiendo las normas y modalidades que se consideran en la educación pública, con el objeto de que estos niños obtengan un certificado que avale sus estudios de manera oficial.

Una escuela inclusiva considera a todos sus alumnos especiales, confía en ellos y les permite sentir que forman parte de la institución, fomenta la cooperación entre los miembros de toda la comunidad educativa y considera el conocimiento como parte de la vida, basado tanto en la experiencia como en las nuevas formas de adquirir información.

Para esto toman en cuenta que los niños desarrollen independientemente de su condición la motricidad, el lenguaje, la cognición y la socialización.

ATENCIÓN PSICOLÓGICA Y VINCULACIÓN AFECTIVA

Existen dos tareas imposibles: educar y psicoanalizar.
Sigmund Freud

Se ha mencionado ya que es esencial incluir en las escuelas que atienden a niños con discapacidad centros de atención psicológica, cuya función será escuchar las dificultades que se presentan en estos casos y trabajar para que estos niños sean comprendidos y se eviten problemáticas entre la familia y la institución que muchas veces llevan a la deserción escolar del pequeño.

La discapacidad es una condición de vida que tiende a intensificar los sentimientos y las emociones entre las personas, y la atención psicológica oportuna favorece el desarrollo y la convivencia de quienes presentan una discapacidad y su familia. Además, permite a los padres entender el proceso que están viviendo y encontrar alternativas para resolver las dificultades particulares surgidas con sus hijos.

También es indispensable que los niños con discapacidad entiendan su condición y los sentimientos que esta situación provoca a veces, como impotencia, frustración y cansancio; así podrán prevenirse trastornos emocionales o de conducta en ellos.

Por otra parte, los psicólogos que trabajen en esta área podrán realizar actividades para informar y sensibilizar a la comunidad educativa sobre lo que es la discapacidad y cómo participar para enriquecerse de esta situación.

Es frecuente que la educación en las escuelas establezca una "ética profesional" que impide que los maestros y el personal educativo se vinculen afectivamente con sus alumnos. Sin embargo, en el caso de los niños con discapacidad –al igual que ocurre con todos los niños–, la educación y el aprendizaje son más efectivos si se fortalecen estos lazos afectivos. Y no solo eso, los pequeños con esta condición tienen dificultades para mantener relaciones significativas con otras personas durante su vida y es contradictorio que estos lazos se rompan para favorecer el aprendizaje. Quizás esto tenga que ver más con el interés de mantener un modelo educativo institucional, que con promover el desarrollo integral de los niños.

¿En dónde puede aprender un niño con discapacidad?

Capítulo 4

Uno de los principales objetivos de la educación es ampliar las ventanas por las cuales vemos al mundo.
Arnold Glasow

Los niños con discapacidad pueden aprender en diferentes tipos de escuelas: en una escuela regular con programas de educación inclusiva o integración educativa, en centros de atención especializada para personas con diferentes tipos de discapacidad y en escuelas de educación especial.

Uno de los derechos fundamentales de todos los niños, incluyendo los que viven con esta condición, es el derecho a recibir educación y asistir a la escuela que sus padres consideren adecuada para ellos.

Es fundamental que los padres de los niños con discapacidad realicen una buena elección de escuela para sus hijos y que se promueva que asistan desde pequeños a estudiar, puesto que esta experiencia les aportará los conocimientos académicos que requieren de acuerdo con su edad, así como las herramientas de aprendizaje necesarias para desenvolverse en la vida.

Además, durante la primera infancia, la escuela favorecerá la socialización y la convivencia con los compañeros, con diversos tipos de maestros y con la comunidad escolar en general. Esto desarrollará espontáneamente la interacción social, la independencia y la autonomía personal de los niños.

Para elegir una escuela adecuada, también se recomienda considerar algunos factores prácticos que en cierta manera garanticen la permanencia del niño en la institución por un tiempo prolongado, como pueden ser los costos, la distancia de la casa, el transporte y la afinidad de la familia con las personas de la comunidad escolar.

Se ha observado que la constancia del niño en el trabajo escolar y la permanencia en una misma institución son aspectos que favorecen la evolución del aprendizaje y que permiten alcanzar mejores resultados.

Durante los primeros años de vida, ocurre en los niños un fenómeno conocido como plasticidad cerebral. Este término se refiere a la capacidad que tiene el sistema nervioso en las etapas tempranas del desarrollo para reorganizar su funcionamiento cuando se presentan lesiones o alteraciones neurológicas.

Para lograr lo anterior, será necesario estimular el desarrollo cerebral del niño con discapacidad por medio de terapias especializadas y de la estimulación sensorial organizada y constante que puede ofrecer el entorno cotidiano. La escuela tiene mucho que aportar en este sentido, pues se pueden encontrar diversos materiales, situaciones y estímulos que beneficiarán a los pequeños con necesidades especiales en múltiples aspectos.

Cada vez se cuenta con más escuelas y nuevos programas encaminados a la atención de los niños con discapacidad. Por ello será necesario que sus padres realicen un recorrido por las instituciones educativas que les interesen para conocerlas y analizar las diversas opciones que les parezcan adecuadas con el propósito de realizar la mejor elección para su hijo en particular.

Es muy conveniente identificar si el niño con discapacidad necesita recibir atención profesional especializada, si presenta problemas de salud crónicos que requieren asistencia médica y cuidados físicos constantes para mantenerse estable; de ser así, se deberán buscar instituciones educativas adecuadas que brinden los servicios necesarios.

Elegir la escuela idónea para un niño con discapacidad es una decisión fundamental, debido a que influirá en el desarrollo del pequeño, así como en su familia, la comunidad escolar y, por último, la sociedad.

Existen diversas alternativas de educación que permiten que los niños con discapacidad adquieran los conocimientos y las herramientas que requieren de acuerdo con su condición particular. A continuación se explicarán brevemente estas opciones, con la finalidad de ofrecer un panorama completo que permita a quienes deban tomar esta decisión conocer algunos de los elementos necesarios.

APRENDIENDO EN UNA ESCUELA REGULAR CON PROGRAMAS DE INTEGRACIÓN EDUCATIVA O EDUCACIÓN INCLUSIVA

Los niños con discapacidad tienen la opción de ingresar a estudiar en cualquier escuela a la que asisten los niños de su edad. Esto se debe en gran medida a que en los últimos años ha habido en varios países avances relacionados con los derechos humanos de las personas con discapacidad que establecen la equidad y la inclusión.

Los modelos de integración e inclusión tienen como objetivo superar las desigualdades en los alumnos para avanzar hacia la formación de sociedades más justas, equitativas y democráticas. Las necesidades de todas las personas tienen la misma importancia aunque sean diferentes, por lo que se requiere que cada quien reciba el apoyo educativo necesario para poder estar en igualdad de condiciones con los demás.

Se ha observado en diversos lugares del mundo una tendencia hacia la aplicación de estas prácticas dentro de las escuelas regulares. Destaca el trabajo realizado en España, Argentina, Chile, Inglaterra, Estados Unidos y algunos países del norte de Europa.

Desde el año de 1993, con la creación de la Ley General de Educación, en la cual se promueve la integración de los alumnos con discapacidad en las escuelas en México, se ha intentado implementar este modelo educativo con la participación de diversas instituciones tanto públicas como privadas, así como de las instancias del gobierno que han sumado esfuerzos para avanzar en este sentido.

En la realidad, aun cuando muchos países han adoptado políticas y leyes que promueven el derecho de todos los niños a la educación, todavía prevalecen factores que excluyen y discriminan a los alumnos con discapacidad del sistema educativo. El derecho a la educación va más allá de tener el acceso para estudiar.

Los niños que conviven desde pequeños con compañeros que presentan algún tipo de discapacidad, pueden beneficiarse de esta experiencia ya que aprenden a conocer y tolerar las diferencias, se dan cuenta de que existen niños que viven con con-

diciones físicas diversas y comprenden que estas situaciones pueden ayudarles a enriquecer su crecimiento como seres humanos y mejorar su aprendizaje.

Las bases para consolidar una mayor igualdad entre las personas se encuentran en la primera infancia, por lo que se considera esencial comenzar el proceso de educación desde el nacimiento. Los niños de ahora serán los adultos que en un futuro podrán relacionarse y ofrecer oportunidades laborales y de desarrollo en diversas áreas a las personas con necesidades especiales.

Asimismo, se ha visto que al permitir que el niño con discapacidad tenga la posibilidad de estudiar en la misma escuela que sus padres habían considerado como opción antes de que supieran que su hijo tendría esa condición, se abre una nueva perspectiva en relación con su desarrollo, además de que regresan a los padres algunas de sus expectativas.

Esto traerá como consecuencia múltiples beneficios para la integración familiar, facilitando el aprendizaje y el proceso de desarrollo del niño. Además, al asistir a una escuela regular, tendrá la posibilidad de observar el desarrollo de sus compañeros y aprender las reglas de convivencia propias del lugar en el que se encuentre.

Los niños con discapacidad tienen la opción de asistir a una escuela regular con integración educativa o con educación inclusiva. Esto quiere decir que pueden ingresar a la misma escuela que sus hermanos, vecinos o amigos cercanos, lo que les permitirá crecer en un ambiente de diversidad que favorecerá sus habilidades y capacidades. Además, tendrán la oportunidad de desenvolverse de manera espontánea en un medio parecido al familiar y de socializar de mejor forma en su entorno.

Simultáneamente, estos pequeños deberán recibir terapias de rehabilitación para obtener el mejor funcionamiento posible y una conducta adaptable en el medio escolar.

Los términos de integración educativa y educación inclusiva se han utilizado en ocasiones de manera indistinta. Si bien no se refieren exactamente a lo mismo, ambos definen la posibilidad que tienen los niños con discapacidad de estudiar en una escuela regular, en la que se lleven a cabo las adaptaciones requeridas en cada caso, para incluir dentro de sus aulas a todos los alumnos que deseen ingresar.

En la Conferencia Mundial sobre Necesidades Especiales, llevada a cabo en Salamanca en 1994, se declaró que "todas las escuelas deben acoger a todos los niños independientemente de sus condiciones personales, culturales o sociales; niños discapacitados y bien dotados, niños de la calle, de minorías étnicas, lingüísticas o culturales, de zonas desfavorecidas o marginales, lo cual plantea un reto importante para los sistemas escolares. Las escuelas inclusivas representan un marco favorable para asegurar la igualdad de oportunidades y la completa participación, contribuyen a una educación más personalizada, fomentan la solidaridad entre todos los alumnos y mejoran la eficacia del sistema educativo en su totalidad".

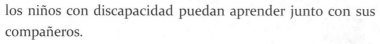

La atención a la diversidad es una responsabilidad del sistema educativo en general, y del trabajo de cada maestro en particular; por ello, para llevar a cabo estas prácticas educativas dentro de las escuelas, se aplican diversas técnicas que permiten que los niños con discapacidad puedan aprender junto con sus compañeros.

Entre estas prácticas se encuentran la elaboración de las adecuaciones curriculares, término que ya definimos anteriormente; el libre acceso a los diferentes lugares de la escuela para niños con discapacidad motriz, sensorial o intelectual, así como la creatividad de cada maestro para lograr que sus alumnos aprendan y se desarrollen, tomando en cuenta las necesidades particulares de aquellos con discapacidad, la disposición de todos los niños de la clase y los recursos didácticos con los que se cuente en la escuela.

La integración educativa es una práctica que promueve en la vida cotidiana la integración de las personas con discapacidad en la sociedad desde la infancia. Surgió con el fin de transformar la educación especial y cambiar así la cultura y la práctica de las escuelas comunes para que adquieran la capacidad de atender las necesidades específicas del alumnado y eliminar los diversos tipos de discriminación.

En la integración educativa no se trata de transferir el modelo de la educación especial que tiende a excluir a los niños con discapacidad dentro de las escuelas regulares, sino que se busca insertar a estos alumnos con el resto de sus compañeros.

Esta práctica promueve el desarrollo y el aprendizaje de los niños con discapacidad, a quienes se les

Escuela para TODOS

pide que con los apoyos didácticos adicionales y con las terapias especiales que requieren para mejorar su condición, puedan adaptarse a su grupo escolar y evolucionar en su proceso de aprendizaje.

La propuesta de educación inclusiva va un paso más allá de la integración educativa, ya que esta práctica propone que no solo es el alumno con discapacidad quien tiene que hacer un esfuerzo para aprender y para pertenecer a la escuela, sino que también la comunidad educativa deberá realizar las modificaciones necesarias para permitir y promover que esto sea una realidad.

Lo anterior significa que el principal obstáculo para incluir a los niños con discapacidad se encuentra en el sistema educativo y en las escuelas. En este sentido, la práctica de la inclusión en la educación tiene como propósito superar las desigualdades entre los alumnos y conseguir la plena participación de todas las personas en los diferentes aspectos de la vida humana.

El enfoque de la inclusión es más amplio que el de la integración y pretende avanzar para formar una educación para todos. A diferencia de lo que ocurre con la experiencia de integración, en la educación inclusiva la enseñanza se adapta a los alumnos y no *estos* a la enseñanza.

La tendencia en dicho modelo consiste en eliminar las barreras físicas, sociales y pedagógicas, con el propósito de incluir a los niños con discapacidad en la escuela. En esta propuesta no solo se incluye a estos pequeños, sino que también se abre la opción para recibir grupos vulnerables como indígenas, migrantes, niños con enfermedades crónicas y que viven en la calle o en situaciones de extrema pobreza.

La educación inclusiva plantea la elaboración de un plan didáctico específico en cada caso, de acuerdo con las necesidades de los alumnos, con el objetivo de que adquieran un aprendizaje significativo y se promueva tanto el desarrollo del niño con discapacidad, como el aprendizaje conjunto de todos los estudiantes. Este modelo también plantea tener un maestro de apoyo para todos los niños y considera que es responsabilidad de los docentes encontrar la manera en que sus alumnos logren aprender.

Desde la perspectiva de la educación inclusiva, las diferencias se conciben como un aspecto que enriquece a las personas y a la sociedad, y se considera que si las diferencias son algo normal en los seres humanos, entonces deben formar parte de la educación para todos y no ser objeto de modalidades especiales o programas segregados.

Para lograr la inclusión de los niños con discapacidad en las escuelas regulares, se requiere, por un lado, la disposición de estos pequeños para adaptarse al grupo al que pertenecen y, por otro, una actitud dispuesta y de aceptación de la comunidad escolar para comprender y lograr convivir con las necesidades específicas que se presentan en estos casos.

Un aspecto fundamental que se propicia con la educación inclusiva es la posibilidad de individuación de cada sujeto en la sociedad con su propia identidad. La educación en la diversidad es un medio que promueve también

el desarrollo de nuevas formas de convivencia entre las personas.

La inclusión permite avanzar hacia un único sistema educativo diversificado para atender de forma adecuada las necesidades de cada persona en particular, con el fin de que se adquiera un aprendizaje equitativo.

El proceso de la inclusión es dinámico y nunca se termina del todo, porque la sociedad siempre se encuentra en movimiento. La educación inclusiva transforma los paradigmas, promoviendo una visión de la educación basada en la concepción de la diversidad dentro de lo "normal" y pretende hacer las adecuaciones que se requieren en cada caso, para ofrecer a todos los alumnos las mismas oportunidades.

Con miras a que la educación inclusiva pueda ser una realidad, los maestros deberán tener la oportunidad de vivir la experiencia de apertura a la diversidad durante su formación académica. Es indispensable preparar a estos profesionales en diferentes contextos, así como impartirles conocimientos teóricos y prácticos relacionados con las necesidades educativas asociadas a las diferencias sociales, culturales e individuales, estrategias de atención a personas con diversidad en el aula, adaptaciones de los programas académicos y evaluaciones personalizadas.

Para que los docentes puedan atender en forma adecuada a los alumnos con diversos tipos de discapacidad, se requiere del apoyo de un maestro facilitador con experiencia para considerar los aspectos profesionales que le permitan realizar, junto con el maestro titular, el análisis de los procesos educativos, identificando y promoviendo los cambios que fa-

vorezcan el aprendizaje y la participación de cada uno de los alumnos en la escuela.

Estos profesionales deben conocer también los diferentes procesos educativos necesarios en la práctica de la educación inclusiva, como son la organización escolar general, las estrategias adecuadas de enseñanza, el trabajo en el aula, los procesos de capacitación a los maestros y las adaptaciones curriculares, así como conocer los procesos psicológicos básicos que tienen efecto en el aprendizaje de los niños.

La educación inclusiva conduce a un cambio profundo de la cultura, las instituciones educativas y la sociedad, por lo que se requiere el compromiso constante de todas las personas con y sin discapacidad para que esta práctica sea una realidad y todos aprendamos de la experiencia.

APRENDIENDO EN UNA ESCUELA DE EDUCACIÓN ESPECIAL

Las escuelas de educación especial tienen como objetivo primordial lograr que los niños con discapacidad cuenten con las herramientas necesarias para adquirir un aprendizaje significativo, así como con los elementos suficientes que les permitan realizar diversas actividades en la vida adulta.

Durante muchos años, la principal opción educativa para atender a los niños con discapacidad visual, auditiva, motriz e intelectual se encontraba en los centros de educación especial, donde colaboran maestros capacitados para facilitar el aprendizaje de estos niños, por medio de técnicas pedagógicas específicas y de material didáctico diseñado con tal propósito. Por lo general, estos centros disponen de instalaciones adaptadas que permiten el desplazamiento de los alumnos con necesidades especiales y de personal que atiende a los pequeños de manera personalizada.

Las escuelas de educación especial han realizado una función importante en el desarrollo de las personas con discapacidad desde hace muchos años, y para algunas familias, son aún una opción educativa vigente, debido a que han mostrado resultados favorables en el desarrollo cognitivo y la adquisición de autonomía básica de las personas con discapacidad, además de que la supervisión de su seguridad es mayor. Sin embargo, estas instituciones atienden por separado a sus alumnos, lo cual no promueve su inclusión en la sociedad y dificulta su independencia.

La tendencia actual se encamina a formar una escuela para todos y a disminuir el número de planteles que tienen la encomienda de atender a niños con discapacidad. En algunos países estos centros de educación especial han desaparecido del todo, en la medida en que los niños con discapacidad y con otro tipo de condiciones de vida vulnerables han podido ser integrados dentro de las escuelas regulares.

APRENDIENDO EN UNA ESCUELA TÉCNICA

Las escuelas técnicas son una modalidad de la educación secundaria y ofrecen a los alumnos que han cursado la primaria la posibilidad de aprender formalmente un oficio considerando sus aptitudes, intereses y necesidades individuales.

En el caso de los jóvenes con discapacidad, esta opción de estudio resulta una buena alternativa para adquirir una herramienta de trabajo con la cual puedan obtener un ingreso y resolver situaciones cotidianas. Además, la práctica de continuar asistiendo a la escuela de manera constante con personas de su edad, fomentará su evolución y madurez, tanto en el aspecto intelectual como en el social.

Dentro de las carreras técnicas que pueden ser atractivas para las personas con discapacidad se encuentran: carpintería, decoración, dibujo técnico, corte y confección, gastronomía, informática, traducción, turismo, estilista, capturista, puericultura y asistente ejecutivo, entre otras.

Será muy importante considerar las capacidades particulares de cada uno de estos alumnos, así como sus preferencias personales, para elegir acertadamente un oficio o actividad que puedan desempeñar de manera independiente o con supervisión, con la intención de que expresen su creatividad, puedan ser productivos, adquieran nuevas responsabilidades y continúen interactuando constantemente en su entorno.

APRENDIENDO CON TERAPEUTAS DE APRENDIZAJE EN LA CASA

En algunos casos se presentan varias discapacidades a la vez en una misma persona, lo que conocemos como discapacidad múltiple o pluridiscapacidad. Tal situación dificulta que estas personas se desplacen físicamente a un centro educativo de manera constante, por lo que se recomienda buscar apoyo de un terapeuta de aprendizaje que realice un plan de trabajo con el niño en su hogar, así como alternativas para que aprenda lo más posible dentro de su circunstancia.

En estas sesiones, el maestro utilizará técnicas pedagógicas específicas con material didáctico especializado, que fomentarán el desarrollo intelectual y la adquisición de habilidades para la vida cotidiana, además de promover el crecimiento del niño dentro de su familia.

Si se vive una situación como esta, es recomendable procurar también que el pequeño asista esporádicamente a algún sitio fuera de su casa para realizar una actividad creativa o deportiva y así mantener dentro de lo posible la convivencia con la sociedad.

El terapeuta de aprendizaje podrá también coordinar el trabajo de los docentes y familiares, que participarán de manera constante en la educación del niño, con el fin de enriquecer su vida en un ambiente seguro para su crecimiento.

En muchos de estos casos, será necesario llevar a cabo un trabajo innovador y creativo con los medios que se encuentren accesibles, para facilitar así el desarrollo y el aprendizaje del niño. Un ejemplo de ello lo encontramos en la historia de Helen Keller, quien fue ciega, sorda y muda, y aprendió a leer y escribir por medio de un tablero elaborado especialmente para ella por Anne Sullivan, su institutriz.

Aprendiendo en el hospital

Algunos pequeños presentan condiciones delicadas de salud ocasionadas por una discapacidad, por lo que necesitan atención médica especializada o la asistencia constante de personal de enfermería para mantenerse estables en el aspecto físico. Para ello se les remite a centros específicos, donde se les pueda brindar atención médica y educativa, a la vez que se supervisa su bienestar y seguridad. En estos centros se utilizan camas

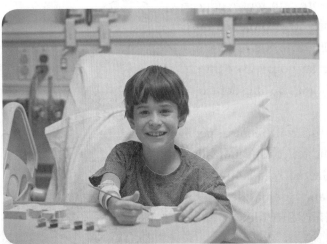

especiales, instrumental médico acorde con las necesidades del paciente, computadoras y televisores con programas educativos, así como material didáctico y libros accesibles idóneos para esas circunstancias.

En algunos hospitales se manejan programas de aprendizaje que atienden, en la medida de lo posible, el aspecto educativo de los niños que padecen enfermedades crónicas, que requieren periodos largos de convalecencia o que por complicaciones derivadas de la discapacidad necesitan atención médica especial, al no poder trasladarse para asistir a una escuela. Los programas son llevados a cabo tanto en casas como en hospitales, por maestros o voluntarios interesados en que los niños que deben pasar periodos largos de hospitalización no interrumpan su desarrollo académico.

En estos casos, deberá considerarse que el ritmo de aprendizaje lo indicará el niño de acuerdo con su rendimiento físico y se deberán adaptar los contenidos de los programas y las evaluaciones para favorecer su desarrollo intelectual.

Un aspecto que se debe cuidar para mejorar el estado general del paciente hospitalizado, será fomentar las visitas de los compañeros y mantener la comunicación por escrito con otras personas y niños de su edad.

Cuando el estado de salud de estos pequeños mejora temporalmente, se les deberá apoyar para que se adapten de nuevo a un sistema escolar regularizado y puedan continuar sus estudios.

APRENDIENDO EN LOS CENTROS DE ACTIVIDADES ARTÍSTICAS

Se ha observado que el acceso a los centros de actividades artísticas permite que las personas con discapacidad física,

psíquica y/o sensorial adquieran el aprendizaje de diversas disciplinas artísticas como música, pintura, escultura, danza, literatura, teatro y fotografía, lo que contribuye a su desarrollo personal y social, así como a su integración laboral.

El arte en todas sus formas de expresión favorece la creatividad, la autonomía, la independencia, el autocontrol y la integración social de las personas con discapacidad. Además, puede ser terapéutico permitir la transmisión de los sentimientos, deseos, temores e ideas de las personas que viven con esta condición.

Estas actividades artísticas pueden ser realizadas por las personas con discapacidad desde la infancia y en ocasiones para ello se necesitarán algunas adaptaciones según el tipo de discapacidad de que se trate.

Ejemplos de lo anterior son la danza adaptada para personas que usan silla de ruedas o que presentan discapacidad motriz, así como la elaboración de instrumentos especiales para pintar y facilitar la expresión pictórica de las personas ciegas.

APRENDIENDO EN LOS CENTROS DE ACTIVIDADES DEPORTIVAS

El niño con discapacidad deberá practicar con frecuencia ejercicio físico que lo mantenga en movimiento, le ayude a mejorar la coordinación y los reflejos de su cuerpo, favorezca la liberación de energía, fortalezca el tono muscular, prevenga el sobrepeso y propicie la convivencia con otros pequeños de su edad.

Además, estas actividades le ayudarán a desarrollar interés por participar en competencias deportivas, que podrán ser un estímulo para esforzarse y adquirir mayores destrezas e independencia dentro de su condición.

Algunas de las actividades deportivas que se recomiendan para los niños con discapacidad son: natación, equitación, artes marciales, yoga, atletismo y en general cualquier deporte adaptado según se requiera.

Para esto, se pueden utilizar aparatos orientados a facilitar el movimiento, como sillas de ruedas para competencias de atletismo, pelotas con cascabeles que permitan a los niños ciegos jugar futbol, caballos entrenados con asientos especiales para que los monten personas con discapacidad motriz, entre otros.

Un aspecto fundamental para facilitar que los niños con discapacidad puedan practicar diversas actividades deportivas, es la participación de instructores dispuestos, pacientes y comprometidos con su entrenamiento, para que así alcancen un buen rendimiento físico y deportivo.

Cabe mencionar que en los últimos años diversas organizaciones mundiales han impulsado el deporte adaptado para personas con discapacidad de manera importante, lo que permite la realización de juegos paralímpicos en diversas disciplinas. En estas competencias se dan a conocer las capacidades sobresalientes que llegan a desarrollar algunas personas con discapacidad, lo que resulta una experiencia sorprendente y estimulante para todos.

La mayoría de las personas con discapacidad motriz, visual y auditiva que han cursado estudios de preparatoria, tienen la capacidad de continuar sus estudios en el nivel universitario y elegir la carrera profesional que les interese, siempre y cuando sus maestros muestren disposición y los planteles educativos sean accesibles. Por ejemplo, un aspecto fundamental será que las universidades cuenten con instalaciones adaptadas con elevadores, rampas y espacios amplios para el uso de personas con silla de ruedas, que las bibliotecas y centros de cómputo tengan libros y material escrito en Braille para estudiantes ciegos, y que los maestros estén informados y capacitados para atender a los alumnos con diversos tipos de discapacidad.

Un avance interesante que se lleva a cabo en algunas universidades, es la implementación de la lengua de señas dentro de los centros de aprendizaje de idiomas. Recientemente se consideró que, en la medida en que la mayoría de la gente disponga de conocimientos para utilizar esta lengua, lo cual en realidad es algo sencillo de implementar, se incrementará la adaptación social de las personas con discapacidad auditiva a la vida universitaria y al entorno laboral.

Por lo general, se piensa que la integración de jóvenes con discapacidad intelectual a la vida universitaria es muy complicada; sin embargo, en otros países hay personas con síndrome de Down que han concluido una carrera de este nivel.

En México, últimamente diversas instituciones de educación superior han establecido programas que permiten que los alumnos con discapacidad intelectual puedan tener acceso a la vida universitaria que enriquece la cultura, el aprendizaje y la adaptación social. Prueba de ello es la creación del

programa "Construyendo puentes" que se lleva a cabo en algunas universidades privadas, el cual prepara a los alumnos con discapacidad intelectual en áreas de su interés y les ofrece una capacitación laboral dentro de un ambiente universitario.

En años recientes varias universidades han realizado esfuerzos con el fin de incluir a estudiantes con discapacidad en las carreras profesionales, por lo que cada vez es más común encontrar a profesionales con diversos tipos de discapacidad integrados al mundo laboral.

Sin embargo, todavía queda mucho por hacer en este sentido para lograr que la mayoría de las personas con discapacidad puedan participar de manera integral en todas las actividades que se incluyen en la vida universitaria.

APRENDIENDO EN LA VIDA COTIDIANA

El niño con discapacidad puede hacer de las diversas situaciones que vive en forma cotidiana una experiencia de aprendizaje.

Por supuesto, la rutina diaria de aseo personal y de trabajo en el hogar podrán ser oportunidades para que aprenda a vestirse, bañarse, lavarse manos y dientes, guardar sus pertenencias, arreglar su cuarto, cocinar, lavar los trastos, limpiar la casa, regar las plantas, alimentar a las mascotas, etcétera.

En estos casos, será fundamental que los padres y las personas que trabajen en el hogar, se encuentren dispuestas y sean pacientes para permitir que el niño participe en estas actividades que serán de gran utilidad para todos.

Cuando el niño acompañe a sus padres o familiares a la tienda, al cine, al parque, al museo, al restaurante y a otros lugares de interés, deberán aprovecharse las situaciones y los objetos que se encuentren para que aprenda sobre lo que le resulte interesante y significativo. Además, podrá interactuar de manera adecuada con personas que realizan diversas funciones en la sociedad. Por ejemplo, al llevarlo a hacer las compras en la tienda, se propicia que identifique diversos productos, los nombre, los cuente, conozca cómo manejar el dinero, etcétera. En un restaurante, se le brinda la oportunidad para aprender a decidir lo que quiere comer, a ordenar sus alimentos y pagar la cuenta. Los padres establecerán un puente entre el personal que labora en estos sitios y el pequeño con discapacidad, para facilitar la comunicación y promover cada vez más la independencia del niño.

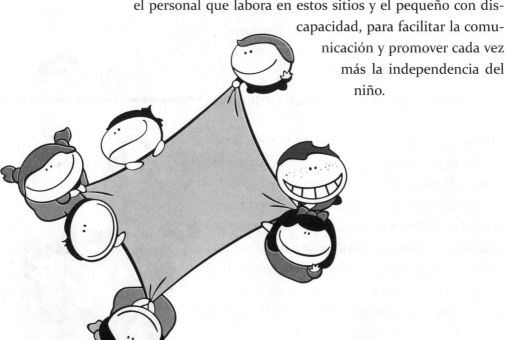

¿Cómo apoyar a un niño con discapacidad para desarrollar su aprendizaje?

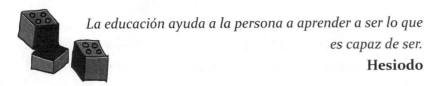

Capítulo 5

La educación ayuda a la persona a aprender a ser lo que es capaz de ser.
Hesiodo

El niño con discapacidad, como sus compañeros, aprende desde pequeño en las situaciones cotidianas que surgen durante su vida. El aprendizaje se adquiere desde etapas muy tempranas del desarrollo, a partir de los primeros movimientos del cuerpo y de la interacción con el medio y las personas cercanas.

Por tal razón, es muy importante tener presente que se requiere estimular el desarrollo del niño con discapacidad desde pequeño, con el fin de que cuente con los elementos básicos que le permitirán con el tiempo adquirir aprendizajes más elaborados según su edad y su grado de desarrollo intelectual.

Para esto, se recomienda llevarlo con un especialista en estimulación temprana, quien podrá diseñar un programa especial considerando las necesidades particulares del bebé generadas por su discapacidad. El programa de ejercicios podrá aplicarlo la madre, algún integrante de la familia o cualquier persona dedicada a trabajar con niños y favorecerá el desarrollo sensorial y cognitivo del bebé, a la vez que despertará su curiosidad para conocer su entorno.

El niño con discapacidad deberá disponer de un espacio seguro, accesible y confortable que promueva su desarrollo, por lo cual será necesario eliminar los obstáculos que le impidan desplazarse por sí mismo en los sitios que quiera conocer, así como apoyarlo para que pueda hasta donde sea posible, comenzar su proceso de aprendizaje por medio de objetos, situaciones y espacios cotidianos.

Dado que los niños aprenden con todos sus sentidos, habrá que estimular también aquellos que funcionen adecuadamente, para compensar las dificultades que se presenten debido a la discapacidad.

Más adelante, cuando el niño tenga edad para ir a la escuela, es conveniente llevarlo a un centro educativo en donde inicie de manera formal su proceso de aprendizaje, el cual le permitirá continuar su desarrollo en las diversas áreas, hasta donde sea posible.

El grado de desarrollo de cada niño durante su vida es impredecible, por lo que se recomienda ofrecerle el mayor número de estímulos y oportunidades desde el nacimiento o cuando se identifique una discapacidad, para que logre adquirir y aumentar sus conocimientos, así como su relación personal con los demás.

LOS MAESTROS DE LOS niños CON DISCAPACIDAD

Los maestros que trabajan con niños con discapacidad tienen la función de promover el aprendizaje de sus alumnos tomando en cuenta sus dificultades y capacidades, así como de fomentar su integración en su grupo y en la sociedad.

La principal característica que deberán tener es la disposición para aceptar la condición de su alumno, lo que les llevará a investigar y capacitarse para encontrar las alternativas y realizar las adecuaciones didácticas que permitan y faciliten el aprendizaje en niños con discapacidad intelectual, motriz, auditiva o visual.

Asimismo, será necesario que los docentes encuentren las estrategias que promuevan la integración del niño en su grupo, tomando en cuenta que por lo general, los compañeros aceptan con facilidad las diferencias y esta actitud puede

evitar en un futuro los prejuicios que tanto daño causan a la sociedad.

De igual forma, deberán encontrar la manera adecuada para evaluar a cada uno de sus alumnos, considerando la realidad y las potencialidades del niño y respetando su tiempo para aprender. Para esto, será necesario que sean flexibles y modifiquen parcialmente los programas establecidos con el fin de que se conviertan en instrumentos de apoyo para el aprendizaje y no en obstáculos que limiten el desarrollo de los niños.

Con este fin, es recomendable que establezcan comunicación constante con otros maestros experimentados que puedan transmitir y compartir su trabajo con los demás.

Los profesores que trabajan con niños que presentan esta condición, deberán hacer uso de su creatividad para promover el desarrollo y el interés de su alumno con discapacidad. Esta actitud beneficiará y enriquecerá también al grupo en general.

Por último, es fundamental que estos maestros actúen con paciencia para lograr establecer una buena relación con sus alumnos, de modo que adquieran un mayor aprendizaje y que revisen frecuentemente las emociones que se despiertan al trabajar con un pequeño con esta condición.

LOS ASISTENTES EDUCATIVOS DE LOS NIÑOS CON DISCAPACIDAD

En las escuelas donde se trabaja con niños con discapacidad, se sugiere que en cada salón se cuente con la presencia de un asistente de grupo. Estas personas tendrán la función de apoyar al maestro para que pueda trabajar, asegurándose de que los alumnos con discapacidad tengan el material necesario y encuentren las condiciones particulares en el entorno que les permitan aprender dadas sus necesidades especiales.

Los asistentes llevarán a cabo en la práctica, las adecuaciones curriculares elaboradas por los docentes y supervisarán que el niño con discapacidad comprenda las instrucciones de las actividades que se le propone realizar. Además, su presencia favorecerá que todos los alumnos reciban una atención personalizada al contar con alguien que apoye el aprendizaje del grupo en general.

La función de los asistentes educativos de niños con discapacidad deberá ser discreta y al apoyar a todos los pequeños del grupo deberán tomar en cuenta sus intereses.

De esta manera, se reforzará la seguridad de los pequeños que viven con esta condición, a la vez que se tendrán resueltas necesidades personales propias de su condición, como protección, cuidados especiales, traslados dentro de la escuela, y otras.

Por ejemplo, en el caso de un niño ciego, los asistentes se asegurarán de que su alumno se desplace a los salones indicados y cuente con el material de trabajo en Braille. Si se trata de un pequeño con discapacidad motriz, le auxiliarán procurando proporcionarle los apoyos necesarios para satisfacer sus necesidades básicas. Con un pequeño con discapacidad intelectual, deberán repetir con cuidado las instrucciones para que el alumno las comprenda y supervisarán su conducta.

Se ha observado que con el apoyo de los asistentes de grupo, los maestros pueden impartir sus clases sin interrupciones, se concentran y no tienen que descuidar a sus alumnos, lo que se reflejará en mejores resultados para todos.

Es importante que este especialista permita la interaccióndel niño con sus compañeros y evite sobreprotegerlo para fomentar la inclusión.

LOS TERAPEUTAS DE APRENDIZAJE

Los terapeutas de aprendizaje son especialistas que conocen las técnicas y los métodos educativos adecuados para favorecer el desarrollo intelectual de los niños que presentan dificultades de aprendizaje debido a diferentes causas, dentro de las que se puede encontrar algún tipo de discapacidad o diversos problemas de aprendizaje.

Estos especialistas trabajan de manera individual con los niños con necesidades especiales, para explicarles con detenimiento y paciencia los conceptos y actividades que les permitirán adquirir nuevos conocimientos, así como fomentar la adaptación al ritmo de aprendizaje grupal.

Los terapeutas de aprendizaje trabajarán en la escuela como facilitadores educativos durante tiempos especiales que serán planificados para atender las necesidades de los alumnos con dificultades para aprender, así como en consultorios privados donde proporcionarán la atención particular necesaria para enseñar y regularizar en la medida posible a los alumnos con discapacidad.

De igual modo, tendrán la función de apoyar a los maestros para realizar las adecuaciones curriculares necesarias y dar a conocer con creatividad materiales didácticos y estrategias educativas que, además de facilitar el aprendizaje de los alumnos con discapacidad, promuevan su integración grupal.

Para realizar esta labor, será fundamental que los terapeutas apliquen evaluaciones frecuentes de estos alumnos, por medio de las cuales consigan ubicar las áreas donde se requiere proporcionar apoyo especial, así como identificar las capacidades más desarrolladas de estos pequeños que le serán útiles para promover el aprendizaje.

Es de gran importancia que el terapeuta de aprendizaje mantenga una comunicación constante y cercana, tanto con los maestros como con los padres de los niños con discapacidad, con el fin de que todos trabajen en una misma dirección, se evite repetir esfuerzos y se logre el mayor desarrollo posible en estos casos.

Guías sombra para los niños con discapacidad

La figura de la guía sombra se refiere a una persona con la capacitación adecuada para trabajar con personas con discapacidad. Tiene la función de atender las necesidades especiales personales y educativas de los pequeños que viven con esta condición y asisten a la escuela regular, así como de optimizar el entorno educativo, sensibilizar a la comunidad escolar y colaborar con el docente en las adaptaciones curriculares del alumno.

Los compañeros de los niños con discapacidad

Los compañeros de los niños con discapacidad juegan un papel fundamental en el aprendizaje, la socialización y la inclusión. Se ha observado que el hecho de que los niños interactúen dentro de un mismo grupo con personas que presentan diversas condiciones físicas, favorece el desarrollo cuando se apoyan entre sí y aprenden de sus diferencias.

Esta experiencia aumenta la tolerancia, el respeto, la paciencia y la responsabilidad en los niños; además, disminuye los prejuicios que pueden presentarse ocasionados por la diversidad en la vida adulta. Al convivir en un grupo donde se fomenta la inclusión, los pequeños tienen la posibilidad de desarrollar estos valores cuando sus maestros les enseñan a aceptar y comprender las diferencias que son más evidentes en sus compañeros con discapacidad.

Asimismo, en algunos grupos se les asignan a los niños con problemas de conducta o dificultades emocionales, responsabilidades encaminadas al apoyo y el cuidado de sus compañeros más vulnerables, lo cual resulta benéfico para resolver sus propios conflictos. También es conveniente asignar al niño con discapacidad responsabilidades que favorezcan a otros pequeños. Por ejemplo, asignar a un niño con síndrome de Down la función de recordarle a un alumno que presenta hiperactividad que se debe sentar cada vez que se levanta.

Además, se ha demostrado que los niños que comparten esta experiencia de integración con personas con discapacidad desde la infancia, tienen la posibilidad de recibir una educación personalizada, adecuada a sus capacidades y más creativa, lo cual enriquece su desarrollo en general y favorece su aprendizaje.

La comunidad escolar en la que viven los niños con discapacidad

Las personas que forman parte de una comunidad escolar en la que estudian pequeños con discapacidad, se convierten en un grupo más solidario, tolerante y abierto a la diversidad.

Cuando en una escuela se empieza a incluir a niños con discapacidad, es común que algunos miembros de la comunidad se sorprendan y no acepten con facilidad que se les integre. En un primer momento, esto puede deberse a que se piensa que por su condición física, conducta o necesidades especiales pueden entorpecer el desarrollo y el aprendizaje del grupo, o bien, a que no se sabe cómo tratarlos adecuadamente. Incluso, en el imaginario colectivo existe la falsa creencia de que la discapacidad puede ser contagiosa, como si se tratara de una enfermedad, o que los niños con esta condición presentan conductas agresivas, lo que no siempre es así, y esto ocasiona reacciones de rechazo o temor.

En la medida que se informe a los miembros de la comunidad escolar acerca de la discapacidad y de los beneficios que tiene para un grupo de niños el crecer y aprender con compañeros que presentan condiciones diferentes, disminuirá esta actitud y todos se enriquecerán con la diversidad.

Tecnología y educación para niños con discapacidad

En años recientes se han desarrollado múltiples avances tecnológicos que favorecen en gran medida el aprendizaje de los niños con discapacidad y cuando estas herramientas son diseñadas especialmente para atender las necesidades de estas personas, facilitan el aprendizaje y la adquisición de habilidades.

En la actualidad existen computadoras adaptadas con el sistema Braille o con sonido para poder ser utilizadas por las personas ciegas; del mismo modo, podemos encontrar cada vez más medios de comunicación que contribuyen a disminuir el silencio de las personas con discapacidad auditiva al tener acceso a Internet, al correo electrónico, redes sociales y otros servicios que permiten una mayor interacción.

Por su parte, las personas con discapacidad motriz cuentan con apoyos electrónicos que facilitan su desplazamiento sin requerir ayuda de otra persona. Ejemplo de esto son las sillas de ruedas eléctricas, elevadores, sillones especiales, rampas mecánicas, entre otros.

En lo referente a los niños con discapacidad intelectual, estos pueden beneficiarse también de programas didácticos para computadora, los cuales refuerzan diversas áreas del aprendizaje, mejoran su coordinación motora, aumentan su memoria y facilitan la lectoescritura.

Las computadoras, teléfonos celulares con imágenes, televisores, videos, juegos electrónicos, tableros de comunicación y otros aparatos tecnológicos son instrumentos que permiten que el aprendizaje sea más sencillo y favorecen el desarrollo intelectual, la escritura, la comunicación y múltiples habilidades que antes resultaban muy complicadas para los niños con discapacidad y que ahora pueden emplear de manera independiente.

Modelos educativos que promueven el aprendizaje de los niños con discapacidad

Capítulo 6

Ayúdame a hacerlo por mí mismo.

María Montessori

Los modelos educativos, basados en teorías o enfoques pedagógicos, son utilizados por los docentes de niños con discapacidad con el objeto de elaborar los programas de estudio que permitan que sus alumnos adquieran un aprendizaje significativo.

Desde hace mucho tiempo, los pedagogos han trabajado para elaborar modelos de aprendizaje, los cuales han recibido influencias de la época histórica en la que fueron elaborados. Sin embargo, en los últimos años, los especialistas de la educación se han preocupado por realizar diversos métodos que faciliten cada vez más el aprendizaje de los niños, a la vez que promuevan la inclusión, el pensamiento crítico, las habilidades para resolver problemas y el desarrollo de la creatividad, entre otros.

Los niños con discapacidad pueden adquirir conocimientos a través de los modelos educativos adaptados que después utilizarán en la vida cotidiana, siempre y cuando los maestros se encuentren dispuestos a trabajar con ellos, pues, como ya mencionamos, tendrán que realizar modificaciones curriculares para lograrlo.

Asimismo, se ha encontrado que los modelos educativos que promueven la participación del alumno, que toman en cuenta su desarrollo particular, son flexibles para adaptar sus programas y

utilizan esquemas de evaluación subjetiva y personalizada, resultan más eficaces para promover el aprendizaje de los niños con discapacidad motriz, sensorial e incluso intelectual.

Cada tipo de discapacidad deberá ser atendida por los maestros con diversas técnicas pedagógicas, estrategias didácticas y material especializado, con el propósito de que su alumno con necesidades especiales logre adquirir las herramientas y los conocimientos adecuados de acuerdo con su condición.

La adquisición de nuevas habilidades para el aprendizaje aumentará también la autoestima de estos pequeños, así como su participación en la vida cotidiana y en el medio social.

A la inversa, se ha encontrado que los métodos de enseñanza tradicional que se basan en la autoridad del maestro y en la rígida transmisión de los conocimientos, lejos de promover el aprendizaje de los niños que viven con esta condición, obstaculizan y limitan su desarrollo al no promover la participación activa y el pensamiento crítico, llevándolo a presentar mala conducta y aislamiento.

Debido a lo anterior, se considera que los modelos que resultan más adecuados y efectivos para lograr el aprendizaje de los niños con diversos tipos de discapacidad son el modelo constructivista, el método de educación personalizada, el modelo Montessori y el método Waldorf. Es frecuente que en algunas escuelas se mezclen algunos de estos métodos para obtener mejores resultados cognitivos. También se trabajan algunos métodos de enseñanza que fueron diseñados hace poco tiempo en España, en especial para los niños con discapacidad intelectual.

A continuación se explicará con brevedad cada uno de estos métodos, con el fin de que los maestros y los padres de familia tengan la opción de profundizar en el modelo que consideren más adecuado para favorecer el aprendizaje de los niños con discapacidad, tomando en cuenta también su contexto social particular.

Modelo constructivista

El modelo constructivista propicia el aprendizaje de los niños con discapacidad por medio de la interacción con los compañeros y con objetos reales, a partir de experiencias que resulten significativas y que promuevan la formación de nuevas construcciones mentales que se pueden aplicar en diferentes situaciones.

En este modelo, el maestro actúa como moderador, coordinador, facilitador, mediador y también como un participante más del grupo. De tal manera, favorece que sus alumnos investiguen, se cuestionen, descubran y comparen sus ideas, así como que compartan sus conocimientos con sus compañeros.

Para aplicar el método constructivista se requiere crear un ambiente afectivo, armónico y seguro en la escuela, que permita que los alumnos se vinculen activamente con el conocimiento.

El contexto particular en el que vive cada niño ejerce una influencia importante sobre su desarrollo cognitivo. Por esto, el profesor, como mediador del aprendizaje, debe conocer los intereses y las diferencias particulares de sus alumnos, estar pendiente de las necesidades didácticas de cada uno de ellos, así como comprender su contexto familiar y social.

Debido a las características que presenta este modelo, se considera apropiado para aplicarse en niños con diversos tipos de discapacidad, así como en pequeños con **problemas de conducta** y otras situaciones vulnerables.

MODELO DE EDUCACIÓN PERSONALIZADA

El modelo de educación personalizada considera que la persona es el principio y el centro de toda actividad de aprendizaje. Su objetivo principal radica en desarrollar el intelecto, el conocimiento y la ética del alumno, por medio de diversas actividades que son planificadas por los docentes para lograr este fin.

El modelo **toma en cuenta** la singularidad de cada alumno y fomenta el **aprendizaje** considerando sus capacidades, intereses, aficiones y ritmo de desarrollo personal.

Cada estudiante deberá resolver por sí mismo las actividades propuestas por el maestro para adquirir nuevos conocimientos y **a la vez**, tendrá la posibilidad de pedir el apoyo necesario cuando así lo requiera. Asimismo, expondrá en su grupo diversos **temas y a** partir de esta experiencia en común, se establecerá un intercambio de ideas con sus compañeros que promoverá la comunicación y aumentará el aprendizaje.

De esta **manera, se logra** desarrollar en los niños aptitudes de investigación y autonomía, se favorece que adquieran conocimientos generales en diversas áreas, se fomenta la creatividad y se desarrollan valores como la responsabilidad, el orden, el autoconocimiento, la identificación y la expresión de sentimientos, así como el respeto hacia los demás, entre otros.

Mediante la educación personalizada, es posible atender a los alumnos con discapacidad dentro de un grupo, debido a que este modelo considera las necesidades educati-

vas particulares de los alumnos, utiliza diversas técnicas pedagógicas, ofrece actividades optativas de acuerdo con el desarrollo cognitivo de cada niño, flexibiliza la programación y fomenta el trabajo en equipo.

Sin duda, este modelo puede ser adecuado para promover el aprendizaje de los niños con diversos tipos de discapacidad, aunque recientemente han surgido nuevas propuestas educativas más efectivas que incluyen la aplicación del método de educación personalizada combinado con nuevas técnicas pedagógicas.

MODELO MONTESSORI

El modelo educativo de María Montessori fue propuesto a principios del siglo pasado y abrió una nueva perspectiva para conceptualizar la educación de los niños.

Este método considera que para desarrollar sus capacidades, los pequeños necesitan un ambiente cálido y material pedagógico atractivo organizado con juguetes, aros, palos, lápices, pinceles y pinturas de varios colores, que hacen del aprendizaje casi un juego. En este entorno lúdico, los niños tienen la posibilidad de seguir su proceso de desarrollo individual, guiados por profesores especializados.

En el método Montessori se considera que los niños necesitan diversos estímulos para aprender, por lo que los guías deberán permitir que sus alumnos expresen sus gustos e intereses libremente. De tal manera, se promueve que los pequeños desempeñen un papel activo y dinámico en su propio proceso de aprendizaje, disminuyendo así el papel dominante y autoritario del maestro.

El ambiente que se favorece con la aplicación de este método incluye todas las áreas del desarrollo: las ciencias, las matemáticas, el lenguaje, el arte y el desarrollo motor, entre otras.

Al mismo tiempo, este modelo promueve la convivencia con otras personas, las habilidades sociales, el desarrollo de la autoestima, los hábitos de orden, la perseverancia, la concentración, el interés por el trabajo y la autonomía

Debido a las características mencionadas de este método educativo, se considera que puede ser adecuado para aplicarse a niños con discapacidad, ya que propicia la independencia y la seguridad, respetando el tiempo que requiere cada uno de ellos para aprender.

Método Waldorf

La pedagogía Waldorf, creada por Rudolf Steiner, tiene como principal objetivo lograr que los niños espontáneamente se interesen en su proceso de aprendizaje y adquieran la capacidad de aplicar los conocimientos de manera útil durante su vida.

Este método toma en cuenta de un modo integral las etapas del desarrollo físico, psicológico y cognitivo de los alumnos para transmitir los contenidos, utilizando especialmente el trabajo con las manos y los dedos como primer medio para que más adelante puedan desarrollar diversas actividades.

A través de varias técnicas, se busca que las manos de los niños se vuelvan cada vez más ágiles trabajando con materiales como barro, carboncillo, acuarela, tela, aguja e hilo con el propósito de lograr que adquieran destrezas básicas como el sentido de la proporción, así como fomentar la exactitud, la perseverancia y la decisión.

Es esencial que los maestros que aplican este método dediquen tiempo a su autoeducación permanente y estén dispuestos a aprender de la vida y de sus alumnos, buscando que estos se conviertan en personas libres, hábiles y creativas.

Para las escuelas Waldorf son elementos de aprendizaje diversos factores como el ambiente, el tamaño de las aulas, el color de las paredes, la disposición de las mesas y la forma como el maestro se presenta ante su grupo, ya que en ellas se considera que el entorno cotidiano ejerce una influencia constante en el aprendizaje de los alumnos.

Asimismo, considerando que no es suficiente transmitir la enseñanza desde un enfoque teórico y convencional, este método presta importancia a la integración de los conocimientos científicos, ecológicos, nutricionales, artísticos y otros, mediante técnicas que promuevan el aprendizaje de los temas de manera vivencial.

Por último, en el método Waldorf se considera que los alumnos concluyen su periodo escolar adecuadamente cuando han alcanzado la capacidad para aprender por sí mismos, autoeducarse, valorar las cosas, ser libres y tener sentido de la creatividad.

Debido a las características particulares del método, se recomienda su aplicación en los niños con discapacidad, ya que puede brindarles herramientas para conocerse a sí mismos e interactuar en su medio, a la vez que estimula el orden, la capacidad de decisión, la perseverancia, la convivencia y el desarrollo integral.

PROYECTO ROMA

El proyecto Roma es una referencia para la pedagogía contemporánea, debido a que plantea que la inteligencia no está determinada por la genética, sino que puede ser construida y desarrollada a partir de las diferencias, y por medio de la educación y el entorno adecuado.

El proyecto Roma se desarrolló recientemente en España, con el trabajo del maestro Miguel López Melero, quien tuvo la intención de considerar diversos aspectos en la atención de los niños y jóvenes con síndrome de Down al investigar también su contexto familiar y escolar.

El primer objetivo de este proyecto es construir una nueva teoría de la inteligencia a partir de la pregunta ¿la inteligencia se hereda o se construye? Si la respuesta es que se hereda, de nada serviría la educación y si es que se construye, estamos en otro modelo en donde hay mucho por hacer.

También se considera importante tomar en cuenta para la intervención, los valores que surgen en familias y escuelas cuando hay un niño con discapacidad intelectual.

El primer paso que se propone en la aplicación del proyecto Roma, es que los padres de niños con síndrome de Down puedan recuperar su vida buscando momentos solo para compartir con la pareja, tiempo de espacio personal y días para salir con amigos, entre otros. El propósito es que se percaten de que su vida puede abarcar otros aspectos además de la paternidad, si así se lo permiten.

Es muy importante que los padres de un niño con discapacidad entiendan que lo que podrá lograr su hijo dependerá en gran medida de ellos mismos. Al principio, se recomienda decirles que traten a su bebé como si no

tuviera problema alguno, que piensen que solo es un niño y que necesita lo que cualquier pequeño de su edad.

Posteriormente, el desarrollo de los niños que viven con esta condición dependerá de lo que haga la familia y la escuela, y será fundamental estimular su inteligencia, así como sus habilidades sensoriales para promover el crecimiento.

En cada caso, se propone elaborar un modelo educativo particular, en el que se que se toma en cuenta el desarrollo del niño y su entorno familiar. Los responsables de aplicar el proyecto Roma entregan a los padres un informe sobre cómo deben trabajar para que ese niño pueda desarrollarse y convertirse en un adulto autónomo. La clave será desarrollar procesos lógicos en la vida cotidiana, que le permitan adquirir procedimientos cognitivos.

Se recomienda que dentro de lo posible, el niño con discapacidad no realice demasiadas actividades fuera de casa como estimulación, fisioterapia, excesivas visitas al médico, etcétera, sino que se dedique a realizar las actividades propias de un pequeño de su edad, de modo que tenga más tiempo libre que permita establecer vínculos afectivos con la familia.

Se sugiere también ofrecer a este niño un espacio donde pueda jugar y aprender de manera libre, así como pedirle lo mismo que a sus hermanos u otros compañeros de la misma edad. Para hacer esto, se requiere un cambio de mentalidad de la familia y del entorno social.

El modelo educativo desarrollado con el proyecto Roma, puede aplicarse también a niños que vivan con diversas condiciones socioeconómicas y en diferentes lugares. Sus éxitos pedagógicos, dentro de los que destaca el caso del joven Pablo Pineda, primer europeo con síndrome de Down que ha logrado obtener un título universitario, se pueden extender a la población en general.

El éxito del proyecto Roma no es aplicable solo a los pequeños con síndrome de Down o con otro tipo de discapacidad intelectual, sino que se ha observado que también es un nuevo método útil para todos los niños.

Se trata de un modelo de enseñanza basado en la cooperación, el trabajo en grupo, el razonamiento deductivo y la experiencia en la adquisición de valores, al educar niños más pacientes, tolerantes y comprensivos.

Otra característica fundamental del trabajo del proyecto Roma, es la formación cultural de toda la familia, pues se propone que todos adquieran conocimientos en relación con la discapacidad, así como con la atención que deben recibir las personas que viven con esta condición.

Se ha observado que la aplicación temprana de este modelo dentro de las escuelas y de las familias de las personas con discapacidad, beneficia a todos los involucrados y mejora notoriamente el desarrollo de los niños con discapacidad.

MÉTODO DE LECTOESCRITURA DE MARÍA VICTORIA TRONCOSO

El método de lectoescritura de María Victoria Troncoso se realizó con el propósito de que los niños con síndrome de Down tuvieran la posibilidad de aprender a leer y escribir. Posteriormente, este modelo se ha utilizado también con niños que presentan discapacidad intelectual por otras causas. Los resultados que se han logrado, han sido positivos.

Las características para la aplicación de este método se describen y explican en el *Manual Síndrome de Down: lectura y escritura*, de Troncoso y del Cerro,[15] por lo que se recomienda que las personas interesadas en aprender cómo aplicarlo se acerquen a conocer este material.

El programa se realiza de forma individual, adaptando las actividades y el material didáctico que se requiere para cada caso. El profesor elige los objetivos, elabora los materiales y ejecuta las actividades de modo sistemático y estructurado.

Con la utilización de este método, se pretende que el niño sea capaz de consolidar el aprendizaje, así como de transferir y generalizar lo aprendido a otros contextos. Por ejemplo, se recomienda que el alumno lea y escriba en otros lugares fuera del ámbito escolar con el apoyo de su familia en la vida cotidiana, en la casa, en los anuncios de la calle, en los restaurantes, etcétera.

Un aspecto que vale la pena mencionar, es que no es un inconveniente que el niño no haya comenzado a hablar para utilizar este método, pero sí es un requisito que comprenda que las personas, los animales, las cosas y las acciones tienen un nombre. Así por ejemplo, cuando escucha la palabra "pelota" sabe a qué objeto nos referimos y, aunque no la pueda pronunciar, localiza el objeto y lo evoca mentalmente. De la misma manera, cuando se le presenta por escrito la palabra "pelota", después de algunas sesiones en las que el profesor ha leído y dicho el nombre escrito "pelota", el niño la recuerda, comprendiendo que esa información visual escrita corresponde al objeto conocido por él, llamado "pelota".

15 Este manual fue publicado en España por la Editorial Elsevier-Masson en 1998.

Mostrar al niño por escrito las palabras en una ficha de madera o de cartulina, la cual siempre se acompañará de una presentación verbal, tiene la ventaja, por un lado, de que el estímulo se introduce tanto por la vía visual como por la vía auditiva y por otro, que la palabra escrita permanece ante la vista del pequeño todo el tiempo que sea necesario, lo que promueve su retención en la memoria.

En resumen, el alumno percibe de manera global la información que recibe, la asimila y la acepta, pone en marcha su memoria y retiene lo que se le enseñó. Para aprender estos contenidos basta que sea capaz de señalar o de seleccionar las imágenes.

Se sugiere que las palabras que se le proponen al niño para comenzar a leer, sean algunas de las que conoce en su vida real y le resulten significativas. Con la aplicación de este método, en poco tiempo puede empezar a construir frases sencillas con esas palabras para continuar con el desarrollo de la capacidad lectora. En ocasiones, la fluidez al leer es solo cerebral, porque el niño no puede hablar y en otros casos, el pequeño sí es capaz de leer oralmente aunque lo haga con ciertas dificultades de articulación verbal y con omisión de algunos elementos.

Durante el tiempo en que se lleve a cabo el proceso de lectoescritura, se sugiere realizar muchos de los ejercicios dirigidos a enseñar a leer a los alumnos regulares, pero es necesario seleccionar y adaptar estas actividades en función de las necesidades particulares de cada pequeño y de los objetivos específicos que se requieran en cada situación.

También es recomendable utilizar los libros de iniciación a la lectura de uso común, eligiéndolos con cuidado por su contenido sencillo, por la forma en que se presentan los textos escritos, con letras claras y grandes, así como por las ilustraciones

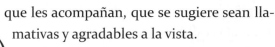

que les acompañan, que se sugiere sean llamativas y agradables a la vista.

El tiempo diario que se propone dedicar a la enseñanza de la lectura y escritura de los niños con discapacidad no es muy largo. En un principio, bastará trabajar en periodos de cinco a diez minutos que se podrán incluir en las sesiones de atención temprana. Poco a poco se sugiere incrementar el tiempo de estudio, utilizando más recursos para variar las actividades y los materiales, evitando el cansancio y el aburrimiento.

El material deberá ser preparado y adaptado de manera especial para cada alumno durante las fases iniciales de aplicación del método, procurando personalizarlo al máximo con nombres, datos y lugares significativos para cada niño y se enriquecerá paulatinamente durante el desarrollo del curso.

Será importante en estos casos establecer y mantener programas de continuidad para la lectoescritura de jóvenes y adultos con discapacidad, tanto para mejorar el uso funcional de la lectura, como para mejorar el hábito y el gusto por leer.

Se ha observado que la adquisición del proceso de lectoescritura beneficia el desarrollo de los niños con discapacidad intelectual, debido a que aumenta su habilidad de comunicación y sus habilidades sociales, estimula el desarrollo de su capacidad intelectual, promueve la adquisición de nuevos conocimientos y de cultura, mejora la autonomía e independencia, disminuye el aislamiento, desarrolla la

creatividad y produce satisfacción personal, optimizando en general la calidad de vida.

MATERIALES DIDÁCTICOS RECOMENDADOS PARA niños con DISCAPACIDAD

Los niños con discapacidad requieren material didáctico especializado en las aulas como libros, mapas, tablas matemáticas y pósters elaborados con el método Braille para alumnos ciegos, imágenes en lengua de señas para pequeños con discapacidad auditiva, así como métodos especiales de lectoescritura y adecuaciones curriculares para enseñar a los niños con discapacidad intelectual, con el propósito de que tengan acceso al aprendizaje a través de estos medios.

Para estimular la capacidad motriz gruesa de los niños con discapacidad, se recomienda utilizar pelotas de gran tamaño que favorezcan un mejor desarrollo de su postura y de sus movimientos corporales. De la misma manera, se sugiere el uso de material didáctico diseñado para mejorar los movimientos finos, por ejemplo, los cubos de ensamble, rompecabezas, cuentas pequeñas, legos y otros objetos similares.

Con el fin de que un niño con estas características pueda ser independiente en su habitación o en el salón de clases, debe procurarse mantener en orden sus objetos de uso cotidiano como ropa, juguetes y material didáctico. Se recomienda dejar a su alcance una grabadora que pueda utilizar con facilidad, así como los instrumentos de trabajo que requiera según su edad y tipo de discapacidad. Se utilizarán también diversos métodos educativos especiales y material didáctico variado con imágenes, fotografías, ilustraciones y objetos que apoyarán a los maestros en el aprendizaje de los pequeños.

Para facilitar el aprendizaje de los niños con discapacidad, se recomienda utilizar objetos significativos de uso cotidiano como vaso, peine, jabón, pluma, cuaderno, casa, coche, teléfono y otros similares, explicando las características y funciones de cada uno de ellos. Estas actividades promueven también el juego simbólico que aumenta la independencia y la socialización.

En algunos casos el niño con discapacidad tiene dificultades para coordinar sus movimientos finos y gruesos, por lo que será necesario apoyarlo con el uso de material adaptado, como lápices de colores gruesos, tijeras especiales, cucharas de formas y tamaños diferentes, etcétera. El objetivo es que logren una mayor precisión en sus movimientos y facilitarles la realización de actividades necesarias para lograr autonomía y aprender cómo comer, colorear, recortar, pegar, entre otros.

Es esencial que los maestros estén enterados de que no existe un método de enseñanza superior a otro y que el mejor será el que pueda lograr en cada caso un aprendizaje significativo y duradero de los objetivos del tema específico que se pretende enseñar.

En repetidas ocasiones se ha demostrado que el mezclar diferentes métodos educativos mediante la planeación didáctica, es una estrategia útil para mantener el interés activo de los docentes, padres y estudiantes, en especial de aquellos con discapacidad.

Es indispensable que las escuelas que atienden a estos niños cuenten con el material didáctico adecuado y que los maestros y el personal educativo conozcan cómo utilizarlo para promover el aprendizaje, dependiendo de cada caso.

Asimismo, se pueden realizar adaptaciones detalladas de estos materiales, para lo que se recomienda consultar el tomo

titulado *Atiéndelo*, de esta colección de libros "¿Qué hago con un niño con discapacidad?".

Material didáctico que se recomienda para los niños con discapacidad auditiva

Los niños con esta condición tienen la posibilidad de utilizar la mayoría de los juguetes que se encuentren a su alcance. Sin embargo, los docentes y asistentes educativos le deberán explicar su uso en forma especial a través del lenguaje que utilicen y comprendan mejor (lengua de señas, lectura labiofacial o escritura).

Es importante que los compañeros de clase conozcan la condición del niño para que lo incluyan en su juego de la manera en que sea posible. Para esto, se recomienda la supervisión del personal educativo, quien podrá adaptar las instrucciones y reglas de los juegos.

Se sugiere conseguir juguetes que dispongan de control de volumen y salida para auriculares con el fin de adaptar el sonido al resto auditivo del niño. Los efectos sonoros de los juguetes deberán acompañarse de efectos que pueda percibir con otros sentidos, por ejemplo, luces, imágenes claras, vibraciones, etcétera.

Material didáctico que se recomienda para los niños con discapacidad visual

Los maestros de los niños con discapacidad visual deben adaptar el material didáctico y los juegos para favorecer el aprendizaje. Para esto se sugiere adquirir juguetes representados con objetos sencillos, realistas, con pocos accesorios y que se puedan identificar por medio del tacto, que sean fáciles de manipular con relieves, así como juguetes con efectos luminosos, sonoros y diversas texturas.

Es importante que el material que utiliza un niño con discapacidad visual se pueda clasificar y que tenga un tamaño
adecuado (piezas grandes), así como un aroma agradable y
colores vivos que permita su diferenciación a través de otros
sentidos.

Asimismo, se recomienda adquirir audiolibros, videos y
otros materiales didácticos que usen tecnologías para promover el interés y aprendizaje del niño.

Material didáctico que se recomienda para los niños con discapacidad motriz

El personal educativo que trabaja con niños que presentan
discapacidad motriz deberá seleccionar con cuidado el material que usarán sus alumnos, teniendo en mente las partes
del cuerpo que se encuentran afectadas y las dificultades de
movimiento particulares, para que puedan realizar el mayor
número de actividades recreativas con adaptaciones y participar en diversos tipos de juegos.

Entre los materiales que promueven la participación de
estos niños en la escuela se encuentran aquellos accesorios de
tamaño adecuado que puedan ser manipulados con facilidad
mediante técnicas motrices, como cubos, legos, rompecabezas, juguetes con control remoto y grabadoras, entre otros.

También es importante considerar
que las áreas de juego y aprendizaje sean accesibles y estén adaptadas
para que los niños que presentan discapacidad motriz puedan introducir los
aparatos que requieren para desplazarse
como silla de ruedas, bastón y andadera. En
todo momento será necesario supervisar su seguridad, para lo que se requiere utilizar asientos
especiales, reposacabezas, chalecos o cinturones

de sujeción, con el objeto de facilitar la postura vertical y promover la participación de todos los alumnos.

Material didáctico que se recomienda para los niños con discapacidad intelectual

Cualquier material puede ser adecuado para un niño con discapacidad intelectual. Sin embargo, se debe considerar la evolución y madurez del pequeño para adquirir los accesorios de acuerdo con su desarrollo, dejando a un lado la edad cronológica. Por ejemplo, si un juguete es indicado para un niño de tres a cinco años, probablemente sea adecuado para un niño de siete años con discapacidad intelectual.

Al momento de elegir el material se debe tomar en cuenta que resulten atractivas sus características para el niño de manera que aumente su atención, pueda ser manejado con facilidad, promueva su autonomía, sea seguro y accesible, no propicie accidentes, no contenga sustancias tóxicas y favorezca su integración con el entorno. Cuando las actividades implican reglas, como ocurre con los juegos de mesa, habrá que adaptarlas al nivel intelectual del niño para favorecer su participación.

Finalmente, es necesario que los maestros que trabajan con los niños con discapacidad intelectual adopten una actitud paciente, ya que habrá explicarles varias veces las instrucciones y adaptarse a las propuestas de los pequeños, quienes serán los que indiquen cómo quieren jugar.

La educación es un derecho de todos los niños

Capítulo 7

Donde hay educación, no hay distinción de clases.
Confucio

En los últimos años, diversas organizaciones que operan en varios países se han dedicado a trabajar para lograr que las personas con discapacidad gocen de los mismos derechos que tiene cualquier otro individuo en la sociedad.

Es importante mencionar que a pesar de los esfuerzos que se han llevado a cabo para lograr avanzar en el ejercicio de los derechos humanos de estas personas, en el mundo aún existe una gran desigualdad y rezagos sobre este tema, pues en cada país, incluso en cada región, prevalecen condiciones y costumbres muy diferentes para atenderlas y tratarlas.

En México existe la Ley Federal para Prevenir y Eliminar la Discriminación, entendiéndose por discriminación: "...toda distinción, exclusión o restricción que, basada en el origen étnico o nacional, sexo, edad, discapacidad, condición social o económica, condiciones de salud, embarazo, lengua, religión, opiniones, preferencias sexuales, estado civil o cualquier otra, tenga por efecto impedir o anular el reconocimiento o el ejercicio de los derechos y la igualdad real de oportunidades de las personas".

En teoría, los niños con discapacidad tienen los mismos derechos que cualquier otro pequeño; sin embargo, en la realidad observamos contradicciones al respecto, incluso desde antes del nacimiento. Por ejemplo, la sociedad justifica plenamente que los niños con discapacidad puedan ser abortados si los padres así lo deciden, lo que

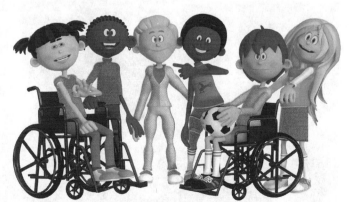

no ocurre en otros casos en los cuales no se presenta esta condición.

En ocasiones, los derechos de las personas con discapacidad no se ejercen por ignorancia, ya que los profesionales y la sociedad en general no están informados de manera suficiente acerca de este tema y no se atreven a ofrecer los servicios que requieren estas personas para su atención.

El 30 de marzo de 2007, México firmó junto con varios países el documento de la Convención sobre los Derechos de las Personas con Discapacidad organizado por las Naciones Unidas. Se trata de una de las iniciativas principales y más exitosas que se han propuesto en años recientes para asegurar el goce pleno en condiciones de igualdad de todos los derechos humanos y libertades fundamentales para las personas con discapacidad y para promover el respeto a su dignidad.

En este documento se definen como personas con discapacidad todas aquellas que presenten disminución o alteración de sus funciones físicas, mentales, intelectuales y/o sensoriales a largo plazo, que dificultan o impiden su participación plena y efectiva en la sociedad en igualdad de condiciones con los demás.

De tal manera, se contribuye a promover cambios culturales respecto al trato que deben recibir las personas con discapacidad, evitando así que los países las releguen al estar jurídicamente obligados a tratarlas como sujetos inscritos en la ley.

A continuación, se mencionarán algunos de los derechos de los niños con discapa-

cidad que se relacionan con la educación, los cuales debemos conocer para poder vigilar que se cumplan y en su caso, para solicitar que se hagan efectivos:

❀ Los niños con discapacidad tienen derecho a ser tratados con respeto tanto por sus familiares como por las personas que los atiendan en las instituciones a las que requieren acudir.

❀ Los niños con discapacidad tienen derecho a no ser discriminados por cualquier razón que atente contra su dignidad humana y que tenga por objeto anular o menoscabar sus derechos y libertades fundamentales.

❀ Los niños con discapacidad tienen derecho a la educación pública o privada y a que sus padres o tutores decidan si les conviene más recibir la formación especial, o integrarlos en el sistema regular de educación.

❀ Los niños con discapacidad tienen derecho a recibir la capacitación, formación y orientación especial que les permitan desde la infancia desarrollar al máximo sus aptitudes y posibilidades.

- Los niños con discapacidad tienen derecho a expresar sus opiniones con libertad.
- Los niños con discapacidad tienen derecho a la accesibilidad a cualquier lugar al que pueden ingresar los niños y jóvenes de su edad.

No olvidemos que la facultad de tener derechos implica necesariamente cumplir con ciertas obligaciones y en este sentido, recordemos que las personas con discapacidad también deben ser educadas y obligadas desde su infancia a cumplir con las normas establecidas por su sociedad; como todos, deben madurar y comportarse como individuos responsables de sus propios actos.

Además, se ha encontrado que, en la medida en que una persona tenga la facultad de asumir las normas y reglas establecidas por la sociedad a la que pertenece, tendrá la posibilidad real de integrarse a su comunidad, pues muchos de los obstáculos con los que se encuentran las personas con discapacidad para ser aceptadas por los demás, tienen su origen en

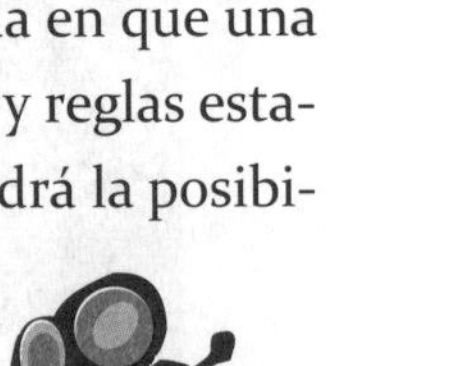

las dificultades que muestran para acatar estas normas.

En la actualidad, se trabaja también en la elaboración de nuevas leyes en materia de protección civil, las cuales pretenden reglamentar las medidas que hay que tomar para atender y proteger a las personas, tanto niños como adultos, con discapacidad, en caso de que se encuentren en escuelas, centros o lugares públicos, durante siniestros como temblores, incendios, huracanes, etcétera.

Un aspecto importante de los derechos de las personas con discapacidad desde la infancia, es el acceso a la cultura en sus diferentes manifestaciones como espectadores y como creadores.

El arte ofrece a las personas con esta condición, una posibilidad de expresión especial que permite que sus limitaciones sean menos evidentes y aparezcan sus talentos y capacidades como seres humanos. Música, pintura, escultura, danza y escritura son instrumentos para que las personas con discapacidad transmitan sus sentimientos, pensamientos e ideas a la sociedad, así como medios que hacen posible su trascendencia en el tiempo.

Por esto, hay que procurar que los niños con discapacidad tengan contacto con el arte y la cultura desde pequeños, para que puedan disfrutar de estas actividades, conozcan lo que otras personas han realizado en este campo y se beneficien al tener la posibilidad de expresar lo que viven.

Cualquier tipo de discapacidad por sí misma, no debe ser motivo de ninguna forma de

discriminación durante las diversas etapas de la vida. Las personas con discapacidad deben ser protegidas desde la infancia contra toda forma de explotación, abuso o trato degradante.

Se recomienda que todos estemos enterados e informados de los derechos que tienen los niños, según se establece en la Carta de Derechos de los Niños y las Personas con Discapacidad. Así, cuando no se cumplan estos, se les podrá apoyar de la manera indicada en cada situación particular, acudiendo a las instancias que ofrecen protección en este tema o recurriendo a la intervención de un abogado que esté informado e interesado al respecto.

En caso de que nos encontremos con situaciones de discriminación por causa de la discapacidad, será crucial denunciar estas situaciones ante instancias como el Consejo Nacional para Prevenir la Discriminación (CONAPRED), Libre Acceso A. C., el Sistema Nacional para el Desarrollo Integral de la Familia (DIF), la Comisión Nacional de los Derechos Humanos y los medios de comunicación como radio, televisión, prensa y otros, que pueden difundir estos temas en la sociedad para concientizarla, así como para encontrar alternativas de solución.

¿Qué hacen otros países para atender la educación de los niños con discapacidad?

Capítulo 8

Cuando aceptamos nuestros límites,
vamos más allá de ellos.
Albert Einstein

Recientemente se ha avanzado mucho en diversos lugares del mundo respecto a la atención y el trato que reciben las personas con discapacidad. La integración educativa ha jugado un papel fundamental al incluir a niños con diferentes tipos de discapacidad en las escuelas regulares y no excluirlos al colocarlos en un sistema de educación especial cuando no es necesario.

Veamos algunos ejemplos de Europa y América.

❀ **Italia:** desde la década de 1970, todos los alumnos fueron integrados a las escuelas regulares y los centros especiales desaparecieron.

❀ **España:** desde 1978, se ha realizado un esfuerzo extraordinario para llevar a cabo la inclusión. Este trabajo comienza desde que un niño con discapacidad nace y en la clínica que lo atiende se identifican sus necesidades particulares, tanto físicas como educativas. Pedagogos españoles han ideado modelos efectivos para el aprendizaje, lo cual ha impulsado a varios alumnos

con discapacidad a cursar carreras universitarias y ser bilingües. Un caso excepcional es el de Pablo Pineda, joven con síndrome de Down, que concluyó sus estudios de maestría en psicopedagogía. Asimismo, en este país, que se encuentra a la vanguardia en el tema, desde hace más de una década, el gobierno convocó a las escuelas para que de forma voluntaria se declaren escuelas integradoras y así reciban recursos adicionales. De esta manera, aumentó considerablemente el número de instituciones dispuestas a atender a niños con discapacidad.

❅ **Francia:** desde 2005 se han realizado acciones en favor de la inclusión de los niños con discapacidad ÿ se han elaborado normas para que puedan asistir a la escuela más cercana a su domicilio, con la garantía de que los espacios se adaptarán para que puedan desplazarse. De igual forma, se considera a los padres de los alumnos con discapacidad para que, junto con los especialistas adecuados, puedan definir el proyecto escolar personalizado que más convenga para su hijo.

❅ Actualmente, se ha puesto a disposición de las familias francesas, números telefónicos para informar sobre la ayuda que requieren en cada caso, así como una guía de orientación escolar que también puede consultarse en Internet. Dicha guía ofrece la posibilidad de hacer preguntas que son contestadas de inmediato por personal preparado y listas de instituciones donde acudir, lo que facilita la inclusión. Se brindan otras prestaciones útiles para quienes viven con discapacidad, como ayudas financieras para el transporte individual o colectivo durante el año escolar y también para la persona encargada del niño.

- **Estados Unidos:** en la década de 1990, bajo el gobierno de Bill Clinton, se implantó una nueva Ley Federal de Educación, la cual consideró los criterios para la inclusión y la integración. En ese entonces, la encargada de la Subsecretaría de Educación Especial del Departamento de Educación, Judith E. Heumann, una persona con discapacidad motriz, promovió el aumento al presupuesto social en salud y educación. Esto modificó las condiciones político-ideológicas de ese país con referencia a este tema y, como consecuencia, se reformó la educación de los maestros normalistas al incluir en su programa de estudios regulares la capacitación para atender a niños con discapacidad.

- **Canadá:** es uno de los principales países promotores de la inclusión y la integración, ya que fundó un movimiento de familias que han trabajado en estos temas, el cual ha trascendido al plano internacional, y también estableció la Asociación Mundial por la Inclusión.

- **América Latina y el Caribe:** la Declaración de Salamanca de 1994 causó gran impacto en la reorientación de los servicios de educación especial. Después de este acuerdo, la Organización Regional para América Latina y el Caribe de la UNESCO, estableció una oficina dedicada a promover la integración y la inclusión en el sistema de educación básica de los países miembros.

- **Chile:** este país ha realizado avances significativos en el tema y cuenta con una normatividad detallada sobre la integración escolar. Los chilenos han estimado que un alumno en el sistema de exclusión tiene un costo tres veces mayor

que un alumno regular. Por tanto, el
Estado otorga un apoyo económico a
las escuelas regulares que integran
a un alumno con discapacidad. Una
propuesta interesante para hacer visible la discapacidad fue la creación

en ese país del primer Teletón en 1978, idea que se ha
replicado en varias naciones.

🌸 **Perú:** se ha puesto en marcha un sistema de apoyo
para asesorar a la escuela regular que integra alumnos con discapacidad y con necesidades educativas
especiales. Esta estrategia de atención es muy
interesante, porque demuestra que se puede
actuar incluso cuando se cuenta con pocos
recursos económicos; esto acaba con algunos argumentos que se esgrimen en contra
de la inclusión.

🌸 **Costa Rica:** se ha avanzado en la integración
educativa al aplicar un programa de formación inicial
de profesionales interesados en este tema con el fin de
aumentar el número de maestros capacitados para
atender a niños con discapacidad.

🌸 **Cuba:** por el contrario, este país socialista que atiende a las personas con discapacidad de manera especial
en los tratamientos de rehabilitación, no ha avanzado
significativamente en lo que se refiere a servicios de integración educativa.

En el resto de Latinoamérica, todavía se encuentran obstáculos para poner en práctica este modelo de integración educativa, y en otros países del mundo no se ha registrado información al respecto, quizá por falta de resultados significativos o por desconocimiento acerca del tema.

Los avances en materia de integración educativa y educación inclusiva hacen posible que cada vez encontremos a más niños con discapacidad en escuelas regulares y adultos con esta condición que viven de manera independiente, establecen relaciones de pareja y trabajan en instituciones o empresas con una mejor calidad de vida. Cabe señalar que desde hace algunas décadas varios de estos países promueven la inclusión laboral de las personas con diversos tipos de discapacidad al concluir su educación básica.

También es debido a estos avances, que hoy tenemos la oportunidad de conocer más acerca de lo que es el mundo de las personas con discapacidad, observando las actividades que desempeñan en diferentes oficios, escuchando sus testimonios y conociendo las expresiones artísticas que en muchos casos son capaces de crear.

Sin embargo, es cierto que para que estos logros y avances continúen, se requiere del trabajo y el esfuerzo constante de estas personas, sus familias, las instituciones, las políticas públicas, así como del interés y la apertura que muestre la sociedad en general para acercarse a este mundo que, a pesar de estar tan cerca y ser tan común, muchas veces nos parece lejano y desconocido.

¿Qué servicios ofrece la educación pública y privada en México para atender a los niños con discapacidad?

Capítulo 9

*No es la discapacidad
la que hace difícil la vida, sino
los pensamientos y acciones de los demás.*
María del Carmen Azuara de Curi

En la actualidad, el gobierno mexicano cuenta con diversos programas para atender y en algunos casos integrar a los estudiantes con discapacidad. No obstante, todavía queda mucho por hacer y trabajar en este sentido debido a que aún encontramos falta de información, capacitación y sensibilización en los directivos, en los docentes y en las comunidades escolares en general.

En nuestro país, la Secretaría de Educación Pública cuenta con la Unidad de Servicios de Apoyo a la Educación Regular (USAER), cuyo objetivo es instaurar el proceso de integración educativa proporcionando apoyos técnicos y metodológicos en las escuelas regulares con miras a que los niños con diversos tipos de discapacidad puedan asistir a estas instituciones. Dentro de sus funciones se encuentra la asesoría de los maestros, la orientación de la familia y la atención directa de los alumnos con necesidades especiales.

De igual forma, USAER promueve sistemas de educación para niños que se encuentran en otro tipo de situaciones vulnerables, como indígenas, niños en situación de calle, inmigrantes y pequeños internados en hospitales.

Asimismo, se cuenta con los Centros de Atención Psicopedagógica de Educación Preescolar (CAPEP), cuyo propósito es proporcio-

nar servicios de evaluación y diagnóstico interdisciplinario a los alumnos de los jardines de niños oficiales que presenten problemas en su adaptación al proceso educativo, así como dar atención psicopedagógica a quienes muestren dificultades en el aprendizaje, el lenguaje o el desarrollo psicomotriz.

Otro de los programas que se maneja en la educación pública es el Servicio Escolarizado, que tiene como tarea ofrecer atención educativa a alumnos desde los 45 días de nacidos hasta los 20 años de edad, cuando presentan necesidades especiales y requieren apoyos significativos. También ofrecen formación para el trabajo a los jóvenes con discapacidad.

De tal forma, la educación especial en nuestro país ha desempeñado una función fundamental como puente para lograr la inclusión e integración de los niños con discapacidad en las últimas décadas, y que para muchas personas este modelo educativo sigue siendo una opción debido a la desconfianza y la poca preparación que existe para permitir que en las escuelas regulares se atienda a los niños que viven con esta condición.

Sin embargo, la tendencia actual está encaminada a la disminución de los Centros de Educación Especial, los cuales tendrán la labor de continuar capacitando de manera específica a los niños con diferentes tipos de discapacidad, así como a sus familiares y maestros, en actividades que favorezcan el desarrollo de habilidades particulares que les permitirán

aprender y conducirse de manera independiente en la vida cotidiana.

Un ejemplo para ilustrar lo anterior, se encuentra en las escuelas para niños ciegos que deberán continuar capacitando a sus alumnos para utilizar material didáctico especializado en Braille, manejar perros guías y aprender a desplazarse con independencia en el medio cotidiano. A la vez, se propone que estos pequeños asistan a una escuela regular en la que recibirán una educación escolarizada y aprenderán a relacionarse con otros niños.

La educación pública en México cuenta aún con Centros de Educación Especial, que tienen como objetivo favorecer el acceso y la permanencia en el sistema educativo de niños y jóvenes que presenten necesidades físicas y educativas especiales. Se otorga prioridad a aquellos con discapacidad, proporcionándoles los apoyos indispensables que les permitan desarrollar sus capacidades al máximo e integrarse en los aspectos educativo, social y laboral.

Como se ha mencionado, la educación especial en la actualidad intenta transformar sus acciones y se perfila como apoyo de la educación básica, orientando sus servicios hacia la integración educativa en los planteles regulares, como estrategia en la vida de los alumnos con necesidades educativas especiales con o sin discapacidad.

En los casos en los que por diversos motivos, no ha sido posible lograr la integración de los pequeños en las escuelas regulares, la educación especial procura la satisfacción de necesidades básicas de aprendizaje de los niños para obtener una convivencia social y productiva.

Asimismo, tendrá la función de proporcionar orientación a los padres o tutores, así como a los maestros y al personal de escuelas de educación básica regular, para que puedan integrar en las escuelas regulares a los alumnos con necesidades especiales de educación.

También se cuenta con los Centros de Atención Múltiple (CAM), donde se atiende y escolariza a los alumnos con alguna discapacidad o discapacidad múltiple que por distintas razones, ocasionadas por su condición particular, no logran integrarse al sistema educativo regular. En estos centros, se proporcionan cuidados especiales para los niños con dificultades severas que no les permiten valerse por sí mismos y que presentan riesgos en su salud.

Por su parte, los Centros de Desarrollo Infantil (CENDI) son instituciones públicas de educación temprana que ofrecen servicios de cuidado y educación para los niños de madres que trabajan. Estos centros surgieron para favorecer el desarrollo del pequeño desde edades muy tempranas, lo que promoverá un desarrollo integral.

El Sistema Nacional para el Desarrollo Integral de la Familia ofrece dos modalidades para la educación inicial, que son los Centros Asistenciales de Desarrollo Infantil (CADI) y los Centros de Atención Infantil Comunitarios (CAIC). Estas instituciones ofrecen programas pedagógicos, actividades recreativas, así como programas de salud y orientación familiar. Se recomienda consultar en el centro que corresponda al domicilio si cuentan con atención para pequeños con discapacidad.

De igual manera, algunas guarderías del Instituto Mexicano del Seguro Social (IMSS) prestan servicios de atención a niños con discapacidad para los hijos de los trabajadores afiliados al Insti-

tuto, a través de la implementación de lo que se conoce como "Guardería Integradora".

Por último, operan Centros Comunitarios de Desarrollo Infantil (CCDI), que son espacios educativos donde reciben a niños en edad preescolar que viven en situaciones sociales vulnerables y que en ocasiones atienden a pequeños que presentan alguna discapacidad.

Cabe mencionar que se ha avanzado mucho en los últimos años, en la atención que reciben los niños con discapacidad en las escuelas privadas en nuestro país. Se observa cada vez más una tendencia hacia la educación inclusiva.

Sin embargo, aún queda mucho por hacer en este sentido, ya que en la realidad en varias escuelas no se acepta a los niños con discapacidad, en otras se les mantiene excluidos de la mayoría de sus compañeros en aulas separadas y en algunas no se les ofrece la atención necesaria para poder desarrollarse en forma adecuada.

Son muy pocas las escuelas, tanto públicas como privadas, en las que se está trabajando efectivamente con la visión de incluir a los niños con discapacidad y estas instituciones aún se encuentran en el proceso de aprendizaje para trabajar con estos pequeños. Por ello, los padres de los niños con discapacidad y la sociedad en general deben sumarse cada vez más para fomentar la inserción de los programas de integración educativa en las escuelas y de esta manera enriquecer a la sociedad.

Testimonios de maestros, alumnos y padres de familia sobre la experiencia de inclusión educativa

Capítulo 10

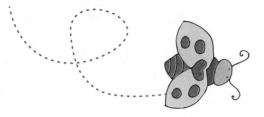

El cielo es el límite.
Samuel Martínez

Los padres de los niños con discapacidad nos enriquecemos durante el proceso de inclusión educativa de nuestros hijos. Con esta experiencia, regresan muchas de las expectativas que considerábamos perdidas cuando nacieron y tenemos la oportunidad de conocer a personas que ayudan a que se desarrollen.

En la escuela vemos cómo nuestros niños crecen, conviven con sus hermanos, se involucran con la generación a la que pertenecen, entablan amistades, aprenden lo que hacen los niños de su misma edad, comienzan a esforzarse y se vuelven extrovertidos.

Para algunos papás, la educación especial sigue siendo una opción por las condiciones particulares de su hijo y la dinámica familiar. Cabe mencionar que estas escuelas han evolucionado para ofrecer un mejor desarrollo a los pequeños con distintos tipos de discapacidad.

Lo importante es que la familia de un niño que vive con esta condición encuentre una escuela donde el pequeño esté seguro, sus maestros estén dispuestos para atenderlo y así tenga las mejores oportunidades de desarrollo en diversas áreas.

A continuación se comparten algunos testimonios de maestros, compañeros y padres de familia que viven la experiencia de crecer con niños con discapacidad.

—¿Cuántos casos conoces en los que un niño con discapacidad se ha incluido? —me preguntaron.

—Una ciudad entera —respondí.

Cuando viví en San Sebastián, España (provincia vasca), una de las cosas que más llamaron mi atención fue que había mucha gente con una discapacidad visible en las calles. Eran niños que jugaban con otros en los parques, caminaban solos por la calle y tenían algún tipo de trabajo. Al principio me pregunté ¿por qué había tanta gente con discapacidad en este lugar? En su momento pensé que se trataba de algún rasgo genético dominante en esta región de España o que las madres tenían a sus hijos después de los 38 años. Más adelante supe, gratamente, que los porcentajes de discapacidad en ese lugar no son mayores que en ningún otro lado, que simplemente las personas con discapacidad no están escondidas y que salen de sus casas porque tienen una vida social y laboral.

Tiempo después regresé a México y, movida en parte por esta experiencia, decidí estudiar una maestría en Educación Especial. Cuando comencé a dar clases en una escuela con educación inclusiva, hubo quien se preguntó si era posible que un niño con discapacidad llevara el mismo programa educativo que sus compañeros. Mi respuesta fue que sí, que sí era capaz de aprender, como lo viví en San Sebastián.

Si bien es cierto que en nuestro país estamos lejos del panorama español y que ni en las escuelas públicas ni en las privadas hay los recursos, el conocimiento y la voluntad de trabajar con estos niños, puedo decir que en mi salón de clases he tenido alumnos con una amplia gama de diferentes necesidades educativas especiales.

A veces ha sido difícil esta experiencia por no contar con más ayuda en el salón, en ocasiones ha sido frustrante tener que planear actividades diferenciadas sin sentirme una experta en el tema. El progreso es lento y por ello no se verán los resultados al final del curso sino en muchos años.

Lo que sí puedo decir es que mi salón de clases contribuye, como lo hacen los países más avanzados en el tema, a cambiar el esquema del resto de los alumnos, sus padres y toda nuestra comunidad. Cuando uno vive la inclusión hacemos que los otros vean que es posible y que es normal.

María Esther Blanco (maestra)

Cuando me comentaron que para el siguiente ciclo escolar tendría como alumna a una niña con discapacidad intelectual me emocioné mucho; estaba entusiasmada, mas no dimensionaba el reto que se me presentaba. Recordé que durante mis años en la Universidad me formé con la idea de que la inclusión educativa era integrar en una escuela regular a personas con necesidades educativas especiales, en particular a personas con discapacidad física o intelectual.

Cuando inició ese periodo escolar, trabajé de la mano de mis compañeras para adaptar el programa educativo, así como para realizar actividades diferenciadas dentro del aula. En mi experiencia, esta ha sido una de las partes más complicadas de lograr, ya que no es sencillo: se requiere esfuerzo, compromiso, apoyo y tiempo.

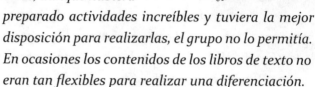

Algunas veces se concretaban mis planes y otras, aunque hubiera preparado actividades increíbles y tuviera la mejor disposición para realizarlas, el grupo no lo permitía. En ocasiones los contenidos de los libros de texto no eran tan flexibles para realizar una diferenciación.

Este ha sido un largo viaje, la generación y yo llevamos cuatro años incluyéndonos, diferenciándonos y creciendo juntos. Cada día y cada año son diferentes: he aprendido que la inclusión y la diferenciación van siempre de la mano y que como maestros, colegio y país tenemos un gran camino por recorrer. Que es muy importante identificar las características de cada uno de nuestros alumnos, ya que habrá algunos a quienes no se les note físicamente su vulnerabilidad. Sin embargo, hay que estar al pendiente de su situación y apoyarlos para que se sientan parte del grupo, escuela y sociedad.

"Todo pasa por una razón", me dijo alguna vez uno de mis maestros de la Universidad. Estos cuatro años para mí han representado un gran aprendizaje a nivel personal y profesional. Ha valido la pena cada uno de los dolores de cabeza con los que he salido del trabajo, los desvelos e insomnios, los enojos, los vómitos y estornudos de los niños, las frustraciones, las risas, las caídas por abrazos ines-perados y el ser considerada amiga y adulto de confianza de mi alumna con discapacidad, quien me imita dando clase y le puso mi nombre a una de sus muñecas. Ahora ella quiera ser maestra como yo.

Isis Molina (maestra)

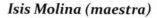

Aceptar el reto de trabajar con niños con algún tipo de discapacidad es muy enriquecedor, ya que conlleva un trabajo arduo buscando ofrecer las herramientas necesarias para el desarrollo de habilidades, ofreciendo así oportunidad a los alumnos y a los maestros que buscan estrategias y metodologías para una enseñanza efectiva. Asimismo, es una labor que se debe llevar a cabo de manera conjunta con todos los miembros de la comunidad; se trata de sensibilizar a los alumnos y padres de familia sobre los efectos positivos que se obtienen al promover la inclusión de alumnos con discapacidad a la escuela regular.

Martha Díaz de León (maestra)

Estudiar en una escuela de inclusión educativa me ha dado la oportunidad de conocer a personas con diferentes capacidades. Soy amiga de una persona con discapacidad, la quiero, la entiendo y puedo ver el mundo desde su punto de vista. Me gusta que en mi escuela exista este programa, porque vemos que todos somos iguales, con los mismos derechos y oportunidades en la vida.

Tania Moreno (alumna)

He tenido una gran experiencia al tener una amiga con discapacidad, porque he aprendido muchas cosas y disfruto de su compañía. Ha sido muy divertido, ya que mi amiga es de las personas más simpáticas que he conocido en mi vida.

Daniel Abascal (alumno)

Una de mis mejores amigas desde hace siete años es una niña con discapacidad intelectual; pero ella no fue mi primer acercamiento a una persona con discapacidad; antes de conocerla tuve otra amiga con síndrome de Down. Al principio tenía algunas dudas porque notaba que ellas tenían algo diferente, me lo explicaron y logré entenderlo, aceptarlo y aprendí a verlo como algo especial y no como algo raro.

Mi amiga es alguien muy especial, es graciosa, le gusta festejar, bailar, cantar y siempre sabe cómo animarte cuando te sientes triste; pero claro, como todo el mundo, también hace travesuras, a veces es un poco brusca y se ríe cuando no es adecuado.

Ella contagia su alegría y su buen humor por donde va y esto es algo que me ha aportado.

Con esta experiencia me he convertido en alguien de mentalidad abierta que incluye a las personas sin importar su condición. Aunque las influencias de mi entorno no siempre son inclusivas, yo incluyo a los demás porque he aprendido que todos somos iguales y debemos tener paciencia y tolerancia.

Gracias a mi amiga soy quien soy, me volví alguien tolerante, inclusiva e indagadora, porque ahora me interesa el tema de la discapacidad y quiero saber qué puedo aportar para su desarrollo y descubrir cómo me ayudan a crecer como persona.

América Martínez (alumna)

Yo creo que mi amiga con discapacidad, con quien tomo clases de teatro, es una niña creativa, entusiasta y talentosa que ha demostrado que "el cielo es el límite". Ella es una luchadora que ha logrado llegar a sus metas sin que nada la detenga. He aprendido mucho de ella, como su entusiasmo y carisma; ella siempre será alegre. Yo la veo como cualquier otro ser humano, no como una amenaza. Al contrario, la encuentro especial e increíble. Estoy seguro de que logrará todas sus metas y sus propósitos.

Samuel Martínez (alumno)

Mi experiencia en una escuela integrada fue:

Mis maestros son buena onda, me han enseñado muchas cosas y me respetan.

Mis compañeros; algunos tienen discapacidad y algunos no. Esa escuela está hecha de maestros y compañeros y me ha gustado mucho.

Alonso Mariscal

El que mi hijo haya compartido estos años de amistad con una persona con discapacidad ha sido un área de oportunidad, en donde ambos disfrutamos de su compañía y aprendemos cómo tratarla, lo cual creo servirá en su vida futura con todas las personas que se encuentre en su camino. Lo que más le gusta a mi hijo y disfruta de la personalidad de su amiga con discapacidad es que ella es muy divertida, tiene comentarios muy simpáticos, comparten las mismas bromas juntos y le ha enseñado el valor de la verdadera amistad.

Sara Orellana (mamá)

Para mí es una bendición y un or-
gullo tener a una persona con
discapacidad en mi vida. La
conozco desde antes de nacer,
siempre la he visto con mucho
cariño y he sido parte de muchas de sus actividades como
ballet, fiestas, escuela y trayectos
de escuela a casa. Me encanta verla
con la alegría y buen humor que la
caracteriza. He visto que sus compañeros la quieren,
la protegen, la ayudan y la apapachan. Debo confe-
sar que la inclusión educativa es un tema nuevo para
mí, pero he aprendido que una niña o niño con discapacidad pueden hacer las cosas igual que los demás.

Adriana Rueda (mamá)

Mi hijo menor tiene amistad con una persona con
discapacidad y juntos comparten el gusto por los
aplausos y las risas. Ellos se asumen con menos com-
plejidad: lo importante es saber bailar y hacer reír. A
veces, como padres, no sabemos cómo explicar "la
diferencia" excepto porque es una musa que no des-
pierta envidias o malos sentimientos (que también es
de humanos)... y bueno, sus características de personalidad como todos. Como madre que comparte
momentos con estos niños, amo reírme con las locu-
ras de cualquier tipo y provocarlas. Sé que a veces la
diferencia ilumina un "algo" que te hace irresistible
y disfruto tener en mi vida lo que puede ser considerado como "gente especial".

América Giménez (mamá)

Nos gusta que las escuelas donde estudian nuestras hijas sean incluyentes. Esto permite que las familias nos hagamos conscientes de las necesidades de los demás. Es importante que demostremos nuestro respeto y valoremos la diversidad. Reconozcamos que son personas valiosas, inteligentes, capaces y que pueden tener los mismos logros que cualquier otra persona.

Familia Moreno Nuño

Para nuestra familia ha sido un grato encuentro la convivencia común en un ambiente de inclusión, una nueva vivencia con una persona dulce, llena de impulsos amorosos y risas... Eso siempre se agradece y refresca.

En las primeras etapas de la niñez en mi hija mayor no cabía del todo la tolerancia y aceptación a las diferencias grandes y pequeñas, aunque es una niña que nació en una generación de igualdad donde

queremos que aprendan que las diferencias no tras-
cienden. En fin, nuestra hija aprendió de la amistad
con una persona con discapacidad que hay un tipo
de amor sin condiciones, sin negociaciones excesivas
o que puedan terminar en fracasos.

Como familia, todos aprendemos la enorme satisfac-
ción de dar y recibir siempre la hermosa recompensa
del cariño y gratitud que pocos logramos expresar
en esa intensidad. Cada logro compartido, porque
sabemos que cuesta en otra moneda, lo asumimos y
disfrutamos como propio.

Admiramos la labor de los padres de los niños con
discapacidad que nunca bajan la guardia y su in-
fluencia para desarrollar proyectos de inclusión en
las escuelas en donde todos somos parte.

Familia Martínez Giménez

Directorio de escuelas y centros especializados en la atención de niños con discapacidad

Capítulo 11

Adelante Niño Down
Teléfono: 2465-0093

Agencia de Inclusión Laboral Comunidad Down, A. C.
Teléfonos: 5635-2462

Asociación Pro-parálisis Cerebral, A. C. (APAC)
Teléfonos: 9172-4620 al 32

Bachillerato para Personas con Discapacidad en el CETIS Núm. 2
Teléfono: 5554-6102

Biblioteca Vasconcelos (Sala Braille)
Teléfono: 9157-2800 Ext. 4323

Casa Hogar y Centro de Atención Especial Nueva Luz, A. C.
Teléfono: 5582-0472

Centro de Adiestramiento Personal y Social (CAPYS)
Teléfono: 5575-1938

Centro de Aprendizaje y Desarrollo La Casita
Teléfono: 5353-1265

Centro de Atención Múltiple (CAM)
Teléfono: 3601-1000 Exts. 21549 y 21526

Centro de Capacitación Especial para Jóvenes, A. C.
Teléfono: 5563-2370

Centro de Desarrollo Integral A-MA, A. C.
Teléfono: 5544-7173

Centro de Desarrollo Integral Neuropsicomotor en Discapacidad, A. C. (CEINDI)
Teléfono: 5686-3316

Centro de Educación ALIVE "Integración de Niños con Discapacidad"
Teléfono: 5549-2789

Centro de Educación Especial Prio, A. C.
Teléfono: 5663-1625

Centro de Educación Especial y Rehabilitación, A. C.
Teléfono: 5740-7950

Centro de Rehabilitación Gaby Brimmer e Integración Educativa (Preescolar, Primaria y Secundaria)
Teléfono: 3003-2200 Ext. 1650

Centro Educativo Domus, A. C.
Teléfonos: 5563-9966 y 5563-9874

Centro Educativo Expresión y Libertad, I. A. P.
Teléfono: 5745-4096

Centro Nacional de las Artes (CNA) - Cursos para personas con discapacidad
Teléfono: 5516-0577

Centros de Educación Especial YMCA
Teléfono: 5531-2140

Clínica Mexicana de Autismo y Alteraciones del Desarrollo, A. C. CLIMA
Teléfonos: 5611-8541 y 5615-0615

Colegio Bright House
Teléfono: 5554-8955

Colegio Incluyente Lancaster
Teléfono: 5655-9320

Colegio Limeh de Coyoacán
Teléfono: 5549-4121

Colegio Miraflores
Teléfonos: 5247-0556 y 5293-8830

Colegio Vista Hermosa
Teléfono: 5091-4600

Comunidad Down
Teléfonos: 5635-2662 y 5635-2462

Confederación Mexicana de Organizaciones a favor de la Persona con Discapacidad Intelectual, A. C. (CONFE)
    Teléfonos: 5292-1390 y 5292-1392

Declic
Teléfono: 5665-3873

Discapacinet (Guadalajara, Jalisco)
    Teléfono: 33 3344-0325

DIF Benito Juárez
Teléfonos: 5422-5500 Ext. 1218, 5604-9651 y 5604-0972

Educación Especial y Psicopedagogía Infantil (ESYPI)
Teléfono: 5680-5230

Escuela de Sordos
Teléfonos: 5523-3060 y 5598-1120

Escuela de Tenis para Niños con Discapacidad
Teléfono: 044 55-3767-7213

Escuela Nacional para Ciegos
Teléfono: 5554-6903

Escuela Nuevo Mundo en Educación Especial
Teléfonos: 5554-6903 y 5484-8257

Escuela para Sordos IPLIAP
Teléfono: 5598-1120

Escuela Para Todos
Teléfono: 5596-7040 Ext. 40

Excelencia Educativa, A.C. (Excelduc)
Teléfonos: 5596-7040 y 5687-2679

Fundación Caleidoscopio
Teléfonos: 044 554194-7056 y 044 555068-0200

Fundación Cedic, A. C.
Teléfonos: 5639-8059 y 5639-4050

Fundación Humanista de Ayuda a Discapacitados, I. A. P. (FHADI)
Teléfono: 5272 4972

Fundación John Langdon Down
Teléfonos: 5666-8580 y 5666-7915

Instituto Clotet
Teléfono: 5523-3060

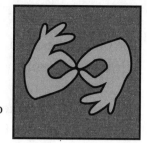

Instituto México Grupo Integrado
Shalom (Primaria y Secundaria)
Teléfono: 5420-7560

Instituto Patria
Teléfono: 5794-2874

Instituto Rosendo Olleta
Teléfono: 5740-5961

Kadima, A.C.
Teléfono: 5295-1235

Lengua de Señas
Teléfono: 5425-8590 Ext. 114

Loló. Terapeuta en autismo
Tel. 5659-2918 y 04455 3486-5313

Programa de Alfabetización para Personas con Discapacidad
APAC-INEA
Teléfono: 9172-4620 Ext. 204

Programa Educación para la Vida, A. C.
Teléfono 2163-0844

Secretaría de Educación Pública - Educación Especial
Teléfono: 3601-1000

Secundaria 320 para Ciegos y Débiles Visuales
Teléfono: 5519-4512

The Churchill School
Teléfonos: 5593-0212 y 5593-7498

Universidad Iberoamericana (UIA)
Teléfono: 5950-4000 Ext. 4158

Universidad La Salle (ULSA)
Teléfono: 5278-9500

Universidad Nacional Autónoma de México
(UNAM) - Centro de Investigación y Servi-
cios de Educación Especial (CISEE)
Teléfono: 5554-9452

Nota: no olvide que la educación es un derecho para todos
los niños, independientemente de su condición, por lo que
se deberá promover su ingreso en cualquier escuela pública
o privada.

En caso de requerir mayor información, acuda a Excelduc
o a la Dirección de Educación Especial de la Secretaría de
Educación Pública. También se recomienda consultar en
esta dependencia, las Reglas de Operación del Programa de
Fortalecimiento de la Educación Especial y de la Integración
Educativa, así como trabajos relacionados con la educación
inclusiva.

Alonso, Fernando, Angélica de Antonio, José Luis Fuentes y Loïc Antonio Martínez, eds., *El Diccionario para Invidentes Larousse Electrónico: una aplicación de la enciclopedia parlante hipertextual,* Larousse, Madrid, 1996.

Basil, Carme y Emili Soro, eds., *Discapacidad motora, interacción y adquisición del lenguaje, Sistemas alternativos y aumentativos de comunicación,* MEC, Centro de Desarrollo Curricular, Madrid, 1995.

Becerro, Lucía y Ma. del Carmen Pérez, eds., *Educación del niño sordo en integración escolar,* Cuadernos de la UNED, Madrid, 1986.

Bueno, Manuel y otros, *Niños y niñas con baja visión, Recomendaciones para la familia y la escuela,* Aljibe, Málaga, 1999.

Bueno, Manuel y otros, *Niños y niñas con ceguera, Recomendaciones para la familia y la escuela,* Aljibe, Málaga, 2000.

Confederación ASPACE, *Atención educativa a las personas con parálisis cerebral y discapacidades afines,* Confederación Aspace, Madrid, 2003.

Consejo Nacional para Prevenir la Discapacidad, *Inclusión, Accesibilidad, Diversidad, Igualdad: Guía de Acción contra la Discriminación, Institución Comprometida con la Inclusión,* CONAPRED, México, 2011.

Echeita, Gerardo y Carmen Minguillón, *Las Necesidades Educativas Especiales del niño con Discapacidad* Auditiva, Consejo Nacional de Rehabilitación y Educación Especial (CNREE), Madrid, 1990.

Freeman, Cecilia, *Cómo integrar a niños con necesidades especiales al salón de clase con Gimnasia para el Cerebro*, Editorial Pax, México, 2008.

Garrido, Jesús, *Atención Educativa al Alumnado con Dificultades de Cognición*, Aljibe, España, 2004.

Guerra Álvarez, Antonio y Manuel Portana Femenia, *Familia, escuela y limitaciones en la movilidad*, Editorial MAD, España, 2012.

Guía de Materiales para la Inclusión Educativa: Discapacidad Intelectual y del Desarrollo, Educación Infantil, FEVAS, España, 2000.

Gobierno Vasco, *Deficiencia motriz y necesidades educativas especiales*, Cuadernos para la integración social, Gobierno Vasco, España, 1992.

Gobierno Vasco, *Deficiencia visual y necesidades educativas especiales*, Gobierno Vasco, España, 1992.

Las necesidades educativas especiales del niño con deficiencia motora, M.E.C., Centro Nacional de Recursos para la Educación Especial (CNREE), Madrid, 1990.

Marchesi, Álvaro, César Coll y Jesús Palacios, eds., *Desarrollo psicológico y educación 3, Trastornos del desarrollo y necesidades educativas especiales*, Alianza Editorial, Madrid, 2002.

Martínez, Ma. Dolores, *Necesidades educativas especiales: alumnado con discapacidad motórica*, Gobierno de Navarra, Pamplona, 2000.

Mi hijo tiene discapacidad auditiva, Ararú, DIF y Alternativa de Comunicación para Necesidades Especiales, A. C., México, 2000.

Mi hijo tiene discapacidad visual, Ararú, DIF y Alternativa de Comunicación para Necesidades Especiales, A. C., México, 2000.

Mi hijo tiene parálisis cerebral, Ararú, DIF y Alternativa de Comunicación para Necesidades Especiales, A. C., México, 2000.

Mi hijo tiene síndrome de Down, Ararú, DIF y Alternativa de Comunicación para Necesidades Especiales, A. C., México, 2000.

Ponce, Ángels, *¿Qué le pasa a este niño?* Ediciones Serres, España, 2005.

Rossel, Carme y Emili Soro, *La escuela y los alumnos con discapacidad motriz*, Grao, España, 2010.

Serafín, Esther, *Diccionario del lenguaje mexicano de señas*, Trillas, México, 2011.

Statford, Brian, *Síndrome de Down*, Edivisión, México, 1989.

Troncoso, María Victoria y Mercedes del Cerro, *Método de lectoescritura para personas con síndrome de Down*, Fundación Síndrome de Down de Cantabria, España, 2009.

Werner, David, *Nada sobre nosotros sin nosotros: Desarrollando tecnologías innovadoras para, por y con personas discapacitadas*, Editorial Pax, México, 1992.

Winebrenner, Susan, *Cómo enseñar a niños con diferencias de aprendizaje en el salón de clases: Técnicas y estrategias para motivar e impulsar a los alumnos con capacidades distintas*, Editorial Pax, México, 2007.

ENTREVISTAS

Lara, Ileana. Maestra de arte para niños con discapacidad. Palomino, Ludiviana. Educadora. Entrevista personal. 2006. Entrevista personal, 2006.

HEMEROGRAFÍA

"Condiciones y actitudes hacia la integración escolar de niños ciegos y deficientes visuales", *Integración. Revista sobre ceguera y deficiencia visual* 21: 21-32, España, 1996.

MESOGRAFÍA

Consejo Nacional de Fomento Educativo (CONAFE), *Discapacidad auditiva, Guía didáctica para la inclusión en la educación inicial y básica,* http://www.conafe.gob.mx/mportal7/EducacionInicial/discapacidad-auditiva.pdf (consultado en 2011).

Consejo Nacional de Fomento Educativo (CONAFE), *Discapacidad intelectual, Guía didáctica para la inclusión en la educación inicial y básica,* http://www.conafe.gob.mx/mportal7/EducacionInicial/discapacidad-intelectual.pdf (consultado en 2011).

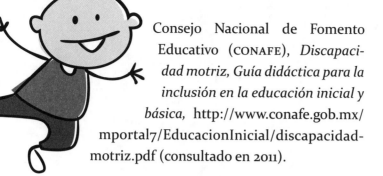

Consejo Nacional de Fomento Educativo (CONAFE), *Discapacidad motriz, Guía didáctica para la inclusión en la educación inicial y básica,* http://www.conafe.gob.mx/mportal7/EducacionInicial/discapacidad-motriz.pdf (consultado en 2011).

Consejo Nacional de Fomento Educativo (CONAFE), *Discapacidad visual, Guía didáctica para la inclusión en la educación inicial y básica,* http://www.conafe.gob.mx/mportal7/EducacionInicial/discapacidad-motriz.pdf (consultado en 2011).

Fundación Iberoamericana Down 21, *Canal Down 21,* http://www.down21.org/ (consultado en diciembre de 2009).

Fundación John Langdon Down, *¿Qué es el síndrome de Down?,* http://fjldown.org.mx/index.php?option=com_content&task=view&id=203&Itemid=287 (consultado en diciembre de 2009).

Dis-capacidad, Trabajando por la inclusión, de http://www.dis-capacidad.com (consultado en enero de 2011).

Libre Acceso, A. C., http://www.libreacceso.org (consultado en enero de 2011).

Revista virtual *Vivir Triunfando,* http://www.revistavivirtriunfando.com (consultado en enero de 2011).

Esta obra se terminó de imprimir
en noviembre de 2015, en los Talleres de

IREMA, S.A. de C.V.
Oculistas No. 43, Col. Sifón
09400, Iztapalapa, D.F.